田辺 徹

戦争と政治の時代を耐えた人びと

美術と音楽の戦後断想

藤原書店

はしがき

終戦直前の混乱のなかで父を失った私は、父と小学校以来の友人であった室生犀星に助けられ、大森馬込の犀星宅に住んで書生として雑用を引きうけることになった。出版界もまだ貧しく、原稿を書いてもいつお金になるか心細いことばかりだった。

犀星は当時、詩の部門の芸術院会員だったが、その偉大な冠も、お金になるのは随筆だけだった。大正時代は小説の乱作にはしり、いっぱしの流行作家だった犀星も、戦後の流行に乗りおくれ、小説の注文は絶えてなく、黙々と俳句を書きちらすだけの毎日だった。弟子の詩人中野重治は「先生はさんざん貧乏したのに、まだ定期預金という言葉も知らない。先生は資本主義以前だ」と嘆いた。

まだ印税を送ってこない二、三の出版社をまわって、受付で犀星の書生だといっても、社長室では疲れた肩を落したその人が、来月には必ず払うからと約束をくりかえした。そういうとき大森馬込の坂は長くて寒かった。犀星は「雑文渡世の助っ人さんよ、靴のかかとはまだついているか」とふざけ、用意した熱いごはんを食べさせてくれた。「雑文渡世」は二十三歳の私の頭に犀星がよくよく叩きこんだ四文字だった。

父は東京美術学校（いまの東京芸大美術学部）で美術史をうけもっていたが、隣が音楽学校（いまの東京芸大音楽学部）で、その周囲はすべて画家か彫刻家、音楽家、世間からみてまともな人間はいないということになっていた。そういう育ちの人間が出版界に入ってにわかにまともな生活を夢みたって無理というものかも知れない。

仕事の関係でいろいろな方との出会いが重なってゆくが、ここに選んだ画家の岡鹿之助さん、詩人でイギリス文学の研究者の瀧口修造さんも、同じような育ちで、はじめてお会いしたときから旧知の人だった。

出版社に就職したといっても、話はいつも絵だ音楽だといっているので、自分だけ安定した生活をするといっても何か後ろめたいことのように感ぜられた。しかし、この間、いかにも大勢のすぐれた方にお世話になった。

とくに岡鹿之助さんのアトリエでは、絵と音楽の関係、要するに色と音の関係についてご自身の体験に基いて話して下さった。また瀧口修造さんの場合、十九・二十世紀のイギリス文学に使われている英語の文体の研究を仕込まれ、同時代の評論の翻訳の下請けをさせられた。これぱかりは、一生の宝物をいただいたという思いがある。

本書後半には、冷戦崩壊を挟む時期に訪れたロシアと欧州のまちの旅の記録を収めた。戦争と政治の風雪に耐えたこれらのまちは、どこか私を惹きつけるものがあった。

いま動乱の時代の再来の予感におびえる私たちにとって、明日は近代の延長ではなく、むしろさかのぼって中世の再来なのかもしれない。知的な近代の復活はいかにも不確定のことであり、暗黒時代と呼ばれた中世の精神生活の再来に支配されるのではないか。

ローマ帝国末期の飽食の時代の芸術を思い出すまでもない。来る日も来る日もテレビが映し出すグルメの日本は、ローマ帝国の末期を思わせる。破綻した近代の美術・音楽の現状を見れば、ついに甘美な二流の聖母像ばかりが生き残るに違いない。

ロシアを中心とする旅をした激変の時代を振り返ってみて、二十一世紀も既に十五年以上経つというのに、私たちはまだ二十世紀の始末さえできていないことに気づく。ただ、ロシアについて清らかな鐘の音が人びとに生活の秩序と慰めをあたえることを思うと、そこに人生の希望があるように思われる。

二〇一六年七月　　　　　田辺　徹

戦争と政治の時代を耐えた人びと　目次

Ⅳ

戦争と政治の時代を耐えた人びと

美術と音楽の戦後断想

I　岡鹿之助の絵と音楽

岡鹿之助　その絵と音楽

岡さんが文章を書くとき、その文体は簡潔で美しく、繊細な感性と巧まざるユーモアがいつも私たちを魅きつける。岡さんはそういう文章を駆使し、自分自身の感覚に忠実に何人かの画家を選んで、その芸術の紹介をしてきた。その上、調べものの好きな岡さんは執筆にいつも正確を期し、常に新しい研究に注意を払っていて、一行の文章もおろそかにしなかった。これを画家の筆になる西洋絵画の研究としてみれば、岡さんのものと須田国太郎氏によるスペイン絵画のそれの右に出るものを私は知らない。しかも岡さんは自身の作品については寡黙で、文字にすることはほとんど無かったが、スーラやボナール、ルドンやアンリ・ルソーについて書くとき、実はそれがしばしば画家としての岡さんの信条の告白になっていることは、岡さんを知る多くの人びとの指摘しているとおりである。あるいはこれらの画家に、岡さんのいう「黄色のバラ」のラプラードをつけ加えれば、精神的な系譜としてもいっそう完全になるであろう。私は一九五〇年の春から夏にかけて岡さんが執筆した「新印象主義並びにジョルジュ・スーラの絵画理論」（平凡社『世界美術全集』）の内容の打ち合わせ、そのための図版と挿図の選択、また図版につける解説の整理のためお宅へ通う機会に恵まれたが、学校を卒業してから何年も経っていなかった私は、このときスーラとその造形理論を、手をとるようにして教えていただいた。しかも、御自身の制作に関する経験を織りまぜながらのそのお話は、同時に岡さんの画家としての道程を話して下さったことに他ならなかった。

絵の仕事が終わる午後四時の画室で岡さんは、スーラの大作「グランド・ジャット島の日曜日の午後」と「ポーズする女たち」――岡さんはまた、この絵の素晴らしい複製を大切にしておられた――のためのコンテの素描と油彩のスケッチ（クロクトン）を選びながら、トーンやデグラダシオン（ぼかし）、コントラストの法則、補色の原理を適切な例にもとづいて説明するかたわら、スーラの目指した絵画の構築的な秩序、均衡について、ゆっくりと自身の考えを追いながら話してくださった。シュヴルュウルの「色彩のコントラストの法則」を教わったのもこの時であった。岡さんはさらに、若い日、パリで愛読したオザンファンとジャヌレ（本名はル・コルビュジェ）共著の『近代絵画』*“La peinture moderne”*――この本はちょうど岡さんが渡仏した一九二四年（岡さん二十六歳）に刊行されている――に触れ、アングル、セザンヌ、スーラの三人の系譜が真の近代芸術を形成したという著者らの考えを説明しながら、セザンヌの後期印象主義とスーラの新印象主義を、古典的な造形秩序の再構築としてとらえるべきことを強調した。そしてまた、日本の洋画が印象派やフォーヴィスムの後をあわただしく追うばかりで、本当の造形がまるで出来ていないことをしきりに嘆いた。この本はわが国ではまさに戦後、一九四六年に『新しき芸術』（吉川逸治訳）として刊行されていたので、私は粗末な紙に印刷されたその日本語版を大切にして読み、ここに説かれている「秩序の精神」、すなわちラテン的な幾何学的精神こそ、岡さんがフランスで学ぼうとしたもっとも大切なものであった、と思った。また具体的にはこの本のなかに簡潔に表現されている造形理論、すなわち垂直線と水平線が決定する「直角」orthogonal、そして「斜線」oblique の二つの符牒による造形の方法が、スーラの造形論とともに岡さんの造形思考に決定的な影響をあたえていることを知った。

こうして始まった三十年にわたるお近付きの間、編集者として不規則な生活を繰りかえしていた私にとって、いつも静かで折目正しく、しかも快活でユーモアにあふれた語り口で楽しませてくださる岡さんのお宅ですごす時ほど精神的に高められ、感覚的に磨かれていて心の休まる時はなかった。フランスの田舎風《ルスティーク》の応接間、そこにあるソードルヴィルの城からきた一六〇一年の樫の大きな戸棚、同じくひとまわり小さい十六世紀の戸棚、それらに浮彫りされている怪獣の顔や鳥、草花の、ロマネスクの彫刻のように素朴なかたちに指をあて、なぞっていると昔の職人芸術家の呼吸がそっくり伝わってくるのであった。また、ボヘミヤとヴェネツィアの古いワイングラスの入った棚の前で見せていただくルドンの石版画、画室でイーゼルの上に裏がえしてあるものを表にかえしてみせて下さる描きかけの三色菫……。岡さんが亡くなってもう三年になろうとする今、散歩の折、主なき冬枯れの庭を生垣越しにみるたびに時間が止まり、思い出に心を奪われる。そして、画室で聴かせていただいた音楽の断片がいくつか耳に鳴る思いがする。

＊

岡さんはほんとうに音楽が好きだった。好きな画家、ルドンやボナール、ルソーについて岡さんが書いたり、話したりするときにはいつも音楽にふれることを忘れない。オザンファンとジャヌレの本のなかでも、岡さんはそのなかの一章「ピアノ－パレット－辞書」が気に入っていた。……無限の色彩、無限の形態が存在し、また膨大な数の言葉が存在するように、無数の異った音が存在する。ピアノはそのなかから必要にして十分なる音響を選択したものである。

だからピアノ製造業者からすっかり出来上ったピアノを受けとる音楽家は幸福だが、可哀そうなのは画家で、化学者は色の小さな変化をますます増やすことしか考えない。画家はめいめいが自分でひとつのピアノを（パレットを）作り出すために生涯のいちばんよい時期を過ごさざるを得ない……おおよそこういう意味の箇所である（吉川逸治訳より）。そして岡さんは『油絵のマティエール』（美術出版社）のなかのボナールの色のところでこういっている。

「油絵具はピアノのように音階が広い。強弱も豊富に表現できる。最低音から最高音もボナールはその絵具で自由に演奏する。黒から白までを、青から黄金色までを……。このように色の音階を最大限に駆使することのできた抱擁力の大きい画家もあまりない。」

絵の話をするとき音楽になぞらえて話すことを岡さんは好んだが、パリに落ちついた若い岡さんが、その地にあるすべてのものを身体いっぱいに吸収しながら絵を描いていたとき、その孤独な生活を慰めたであろう音楽が、意識的にせよ、無意識的にせよ、その造形の探究の大きな指標として働いていたことに違いない。

例えば岡さんはボナールやルドンの色彩をみるとき、いつもフォーレ、ドビュッシイ、ラヴェルの音楽を考えていた。ルドンについて岡さんは、ルドンが彼と時代をともにしたドビュッシイやラヴェルの多彩なオーケストレーションに驚きの耳を傾けていたことをいい、そして「音楽によって誘いだされる幻想は、シンフォニックなものであればある程、多彩な色を彼に喚びおこしたようである」と書いているが、この場合、この「多彩な色」という言葉から私は岡さんが金管楽器の明るい音が好きで、とくにフランスの管の明るく、華やかな音色を楽しんでいたことを思い出す。芸術批評のための用語のなかで、絵画用語と音楽用語が混用されている現状について、ハーバート・リードは、音楽用語の「トーン」が絵の批評に用いられ、また、「色調」(トーン・カラー)が音楽批評に使われたりする例をあげて苦情をいっているが、岡さんは例えばアンリ・ルソーの絵の真物と偽物をみわけるとき、いちばん注意すべきことは、その画面に、色価と明暗の「リズム」があるか、ないかという点で、この「リズム」がルソーの絵のもっとも優れた特長である、という。「リズム」という言葉もそれを造形美術にあてはめて考えてみるとなかなか難かしい。しかし岡さんはこの意味を、画室に長い間掛けてあったルソーの「蛇使いの女」の大きな複製の前でこまかく説明してくださった。その後、初めてパリにいったとき、ジュ・ド・ポームの印象派美術館でこの絵の前に立って、かねて岡さんに教えられた「リズム」が鮮烈に画面を支配していることを知った、あるいは経験したとき、私は強い感動を押えることができなかった。岡さんの「リズム」という言葉をこの絵に即して考えれば、それは単純化された輪郭線と色面との緊密で流麗な組み合わせに岡さんが感じている古典的な

「リズム」であり、ハーバート・リードの苦笑を覚悟していえば、その「リズム」によってこの画面を支配しているハーモニーが形成され、岡さんは蛇使いの女の吹く笛を、ほとんどドビュッシイのフルートのように聴いていた、と思ったのである。

アンリ・ルソーと音楽といえば、岡さんは、ルソーはなかなか人を喰った奴で、素朴画家だから素朴なお人好しだなんて考えで片づくような話じゃないよ、といいながらも、ルソーが家計の足しにと思って始めた絵の講習会は失敗だったが、音楽の講習会の方は入門者が増え、時には自宅で「音楽会」を催すほどになって、自分も上手にヴァイオリンを弾いてみせた、という話をいかにも愉快そうに話してくださった。

岡さんが大へんな音楽好きであることは、誰知らぬものもないことだが、岡さんのもっとも古い友人のひとりである今泉篤男氏は岡さんの好みについて、「古い十六、七世紀の宗教音楽か、現代のもの」を好んでいて、「現代のものでは、例えばバルトークとかメシアンなどのようなものは、楽しんで聴いてもいるが、他の前衛音楽でも自分の絵の殻をぶちこわすために聴いているという」と伝え、さらに「古典では、バッハを含めて、バッハ以前、グレゴリオ聖歌などが単純で素朴で飾り気がなくて好きだ」とその言葉をまとめている。また大岡信氏は、右のような今泉篤男氏の紹介を引用し、さらに「これらに加えて、たとえば、ドビュッシイ、フォーレ、フランクらの近代フランス音楽をあげねばなるまい」と書いている。
私はそういう岡さんから何年にもわたってレコードを聴かせて頂く機会に恵まれたが、岡さんのそのような暖いお気持は生涯忘れることはできない。

終戦後、まだ銀座に米軍のPXがあったころ、そこでLPの再生装置をみせてもらった岡さんは、とうとう京橋のリバティーという店でいちおうのものを手に入れたという。しかし、それを聴いて驚き呆れた高城重躬氏の手によって新しい装置が設計され、また年々手を加えられながら岡さんの画室の奥を占めるようになった。そこに三雲祥之助さん御夫妻や谷桃子さんなど岡さんの親しいお友達がレコードを聴きにきておられた。それは昭和二十年代のおわりごろだったと思うが、さらに作家の結城信一さんと、当時、詩を書いていた松本亮さんと私の三人がときどきレコード・コンサートに招んでいただくことになった。それまでは岡さんが絵を描きおえる四時ごろにお邪魔して、貴重な版画や画集などをみせていただいていた私は、それからは結城さんたちと夕方お宅へ伺い、夕食を頂戴したあと、七時半ごろからレコードを聴き、おわりは十二時二十分、なんのことはない、みんなが帰る東横線の終電車ぎりぎりまで腰をすえる有様となったのである。途中、岡さんの海外旅行と春陽会展前後の時期などを除いて、この集りは折をみて続けられた。晩年、七十歳に手が届くころになると、夜更けには岡さんのお疲れも出て、さすがの厚顔の私たちも申しわけなくて、いつかこのレコード・コンサートも止めになった。

いうまでもなく、大戦後のＬＰの出現ほど私たちいわゆるレコード・ファンにとって劃期的な出来事はまたとなかった。まして、岡さんの聴かせてくださるレコードは、その数も、一枚一枚の選択も当時すでに大変なものになっていて、私なぞのレコード鑑賞の幅はいっきょに拡大された。いいのが入ったから聴きにいらっしゃい、というお誘いの夜の電話をその頃の私は心待ちにしていたものであった。そしてこの間、岡さんの再生装置はつぎつぎと改良を加えられて、画室の壁まで高城さんの指図で改造されたが、晩年には次第に複雑になったアンプのいくつものつまみに、とうとう岡さんは何色かのリボンを結んでおぼえをして可笑しそうに笑っていた。そして岡さんはいつもシュワンのカタログの新譜からこれぞと思うものを航空便でとりよせていたが、その頃はまた、バロックと現代音楽の新譜がつぎつぎ出されていて、まったく幸運としかいいようのないのは私たちであった。

長い間にわたって聴かせていただいたレコードがいったい何枚になったのか見当もつかないが、私たちが岡さんの選択に従い、あるいは勝手に註文まで出して楽しませていただいた音楽は、いまになってみれば、大きく三つにわけることができる。

第一のグループは、グレゴリオ聖歌からネーデルランド楽派のジョスカン・デ・プレを経て、ローマ楽派のパレストリーナ、ヴェネツィア楽派のモンテヴェルディの二人のイタリア・ルネサンスの巨匠、さらにバロックに入って、イタリアのコレルリ、ヴィヴァルディ、フランスのクープラン、シャルパンティエ、カンプラーそしてナポリ派のスカルラッティなどであった。

第二のグループはバッハとテレマン、グルック、ペルゴレージそしてモーツァルトである。

このあとはベートーヴェンは一曲もなく、ショパン、ヴァグナー、ブラームスなどロマン派もすべてとばしている。割愛というのではなく、岡さんの画室ではそもそも話題にもならなかった。

第三のグループとしては、ドビュッシイからラヴェルを経て、バルトーク、ストラヴィンスキー、オネゲル、メシアンやブーレーズにいたる近代、現代音楽で、明らかにフランスを中心としている。ただし、この第三グループの前に、フランクとフォーレを落すわけにはいかない。とくにフォーレは岡さんが終生愛してやまなかった「レクイエム」と歌曲集「やさしき歌」のために。

レコード・コンサートはたいていバッハかモーツァルトの一曲ではじまり、あとはどちらかといえば第三のグループ、ときに第一のグループから選ばれた。そして夜も更けて、お茶を頂いたあとは、しばしばシャンソンがつけ加えられた。岡さんが好んだ歌手は、ジュリエット・グレコ、レオ・フェレ、ジョルジュ・ブラッサーンス、カテリーヌ・ソーヴァージュなどであったが、私たちのレコード・コンサートが中止になったあとの最晩年にモニーク・モレルリの歌うアラゴンのシャンソンがある。他にパリでは昔エディット・ピアフ、晩年にはクリスティアン・セーヴルがお好きだったと聞いている。予定したレコードで時間がいっぱいになった時でも、最後には必ずグレコの「ロマンス」一曲だけは聴いて解散したことであった。

以上はずいぶん大ざっぱな記憶で、バロックや現代音楽にはまだ何人かの作曲家をあげねばならないし、武満徹らわが国の作曲家も何人か入れなければならないが、おおよその傾向はお伝えできたと思う。しかし私もとくに記録をとっていたわけではないので、御一緒した結城信一さんらには別に意見があるかもしれないし、また岡さんが三雲祥之助さんやほか大勢の方々と何を聴いておられたかは知らない。しかし、ベートーヴェン、ショパン、シューベルト、ブラームス、ヴァグナーなどがすべて入っていないことは、まったく共通のはずである。このことは、はじめに述べたように、岡さんがアングルからセザンヌ、スーラにいたる古典的な造形の系譜を意識のなかに入れていて、とくにスーラの構築的な秩序、その均衡と堅固さを絵画の当然の規範としていたことを思えば、そのロマン派嫌いももっともなことであるし、岡さんがその青春期に触れたパリの音楽界の状況からいっても当然なことであろう。また、ひとことにいって、フランス人のブラームス嫌いを岡さんもともにしていたのであろう、と想像してみても少しも不自然なことはない。また、ボナールのように岡さんも画面の艶を嫌って、絵具のふくんでいる油をかなり取り去って使い、また生温るい混色を避けて、はじめに塗った色の上へ次の色を「カサカサとすりこんで」ゆき、画面の緊張を工夫してきたその感覚からいって、長大で甘美な、ときに重苦しい音楽をうけつけなかったことも当然と思う。そしてまた岡さんのこのような好みは、ロマン派の音楽の饒舌に退屈し、バルトークの純粋で強力な造形の力学に熱中し、さらにシェーンベルクやベルクの無調や十二音の世界に新鮮な魅力を感じていた戦後の私たちの心情に一致していたこともいうまでもない。今泉篤男氏の回想にもある通り、岡さんはヴァグナーなどは真平だったし、またそういう岡さんが私たちは好きだった。もっとも、ベートーヴェンを聴こうとしなかった岡さんが実は若いころその第五交響曲を完全に暗記していたし、一生に一度でいいから指揮台に立ってこの第五を振ってみたい、といったときは、なるほどと感嘆しないわけにはいかなかった。仮にどんなベートーヴェン嫌いでも、この第五交響曲ほど完全な交響曲を他にあげることができるだろうか。これは一分の隙もなく緻密に構築された完璧な一大建築なのである。

古典的な秩序を愛するということからいえば、岡さんの好きな音楽としてまずバッハ、モーツァルト（岡さんはモーツァルトをフランス風にモザールといい、オネゲルをオネッゲル、ボナールをボンナールとよんでいた）をあげねばならないし、すでに述べたように、レコード・コンサートもはじめの一曲はこのあたりから始まるのが習慣になっていた。岡さんの再生装置はバッハのオルガン曲を聴くときは本当にすばらしく、身はさながら大聖堂のなかにいる思いがした。しかし、いまバッハ、モーツァルトという巨大な森に踏みこんだのでは、そのまま出て来られなくなりそうなので、ここでは第三のグループ、すなわちフランスを中心とした近代、現代音楽にふれたい。そしてこのことは、岡さんが一九二四年（二十六歳）から第二次大戦のために半ば強制的にパリを引き揚げなければならなかった一九三九年（四十一歳）の間の十六年を過したパリのその時代の音楽の状況、ドビュッシイを経て、二十世紀の新しい音楽が、文学や絵画と歩みをともにして大きく開花していった状況と深くかかわっているに違いない。

岡さんのあのすばらしい話術を通しても、戦前のパリの音楽に関する思い出はごく断片的に伺っていたにすぎないが、決して丈夫とはいえない身体——心臓の発作を恐れて、いつも胸のポケットに主治医の名前とアドレスを入れて歩いたこと、あれら古くて、厚い石の壁に手をついて胸の動悸を抑えるときの心細さをぼつぼつ伺ったことがある——を労わりながらの生活のなかで、岡さんを慰めたのは教会の音楽であり、夜の音楽会であり、そしてバレーと寄席のシャンソンであった。父鬼太郎ゆずりの粋好みの岡さんが寄席のシャンソンに熱中したのも当然のことで、パリの下町言葉にくわしい岡さんがそこで言葉の面白さも堪能したことはいうまでもない。いつも私に語学の勉強の大切なことを説いて、しかし、パリのべらんめえは手に負えないよ、とおどかす岡さんであった。一九六五年、私がはじめてパリに滞在する機会を得たとき、岡さんは大変喜んで、御自分の名前（ROKU）を書き入れたパリの地図帖を下さって、その付表に載っているコンサート・ホールと音楽が聴ける教会の名前にいくつか印をつけてくださった。またフランスの田舎の教会で聴けるオルガンとミサを是非楽しんでくるよう注意してくださった。そういうお話を胸に畳んでフランスにいってみると、そこに岡さんが教えてくださったとおりの音楽がいまなお生きていて、パリ四区のサン・ジェルヴェ教会の五フランの音楽会なども忘れられない。こうして私は岡さんに教わったパリの音楽の楽しみを、そこへゆくたびに少しずつおぼえてきたが、そういうなかで、岡さんが若い日をすごした一九二〇年代、三〇年代のパリの音楽界、ドビュッシイの作品の演奏や、当時のラヴェル、六人組、またストラヴィンスキーの活躍などを想像すると、岡さんの絵がいっそう親しみ深いものに思われてくる。

これを私たちのレコード・コンサートに即していえば、岡さんが当時パリで聴いたもののうち、とくにドビュッシイのオペラ「ペレアスとメリザンド」を岡さんはそれこそ懐旧の情に耐えかねる風情でくりかえし聴いた。一九六四年から五年にわたる渡仏の折、この曲を久しぶりでパリのオペラ・コミック座で聴いたとき、岡さんはどんなにか幸福だったことかと思う。一九〇一年、「ペレアスとメリザンド」がそのオペラ・コミック座で初演されたときの招待日の有名なスキャンダルを岡さんはいつも話して、ドビュッシイへの心酔をかくそうとしなかった。第四場で、メリザンドが婚約の指輪を井戸のなかに落したとき、きらきらと水のなかを舞いながら深く沈んでゆくさまの感覚的な表現に、岡さんは声をあげて喜んだ。まったくの話、オペラがここまで純粋な感覚の芸術になれると誰が思ったろうか。スペインの哲学者オルテガは一九二五年（岡さんがパリに着いた翌年）に発表した「芸術の非人間化」で「ベートーヴェンからヴァグナーまで、すべての音楽はメロドラマであった」といい、「音楽から個人的な感情を排除し、音楽を典型的に客観化することによって純化しなければならなくなった。その偉業をなしとげたのがドビュッシイであった。」、「ドビュッシイ以後、われわれは陶酔することもなく、涙することもなく、平静に音楽が楽しめるようになった。」（オルテガ著作集第三巻『芸術論集』神吉敬三訳より）と早くもドビュッシイの芸術の歴史的な位置づけを見事に行っているが、そういうドビュッシイに対する岡さんの傾倒は、また、一九二〇年代、三〇年代のパリに生きた知的な青春にとっては当然のことでもあろう。いうまでもなく、岡さんのドビュッシイの芸術への共感と親愛の念を岡さんの絵から想像することもまた容易である。人気ない港、燈台、城、僧院、花籠、三色菫など、生涯繰りかえされるこれらの主題は、うっかりすればこれほど通俗的にロマンティックなものもないものを、それらはすべて甘美なマイナー・ポエムに堕することなく、画家自身の堅固な秩序としてそこに構築されているのである。岡さんの艶消しの絵具をすりあわせるようにして獲得した画面をみていると、その甘美な官能を拒絶した彩色法が画面にきびしい秩序をあたえていて、そこにドビュッシイの芸術、すなわち音楽をロマン派から解放し、自分の感覚そのものに明快に結ばれる新鮮なイメージに再構成した音楽を聴く思いをするのは私だけではないであろう。

音楽と造形美術との安易な比較は厳に慎しまなければならないが、私は岡さんのドビュッシイの話を聞き、岡さんが選ぶその音楽を聴いている間、仮にドビュッシイが音楽の印象派だという分類を認めるとしても、ドビュッシイはあくまでスーラであって、モネではないと、しきりに思った。光の波動につれて一瞬一瞬に移ろいゆく色彩を追求してついにフォルムを崩壊させたモネ――たとえばルアンのカテドラルの連作、あの美しく堅固なファサードが形を失い、ついには光の波動そのものになろうとする有様をいま私は考えている――ではなく、むしろ印象派が失ってしまったフォルムを取りかえし、秩序と調和の回復を願ったスーラ、アングルからセザンヌの系譜に立つスーラと同じ骨格の芸術として、岡さんもまたドビュッシイを捉えているに違いないと思った。事実、音楽鑑賞者としての岡さんは、ドビュッシイが「印象派」であるという分類に安易に従うことはなく、その本質を、オルテガ同様に早くから見抜いていたのである。例えば、ドビュッシイ最晩年の作品である「ソナタ第一、二、三番」の三曲にみるドビュッシイは、もはや色彩の魔術師といったものではなく、ほとんどバッハのように堅固な構造とラテン的な調和の精神の結合を実現した巨大な存在であることを岡さんははっきり認識していた。

ドビュッシイにつづいて、ラヴェルもまた岡さんの大好きな作曲家であった。「鏡」、「夜のギャスパール」、「左手のためのピアノ協奏曲」など岡さんの好きな曲がたくさんあって、岡さんはいつもそれらを心底から楽しそうに聴いていた。また小品「ボレロ」が大好きで、岡さんは疲れた時、よくこのレコードをかけたが、文字通り膝を叩き、身体をゆすって聴いた。ラヴェルは明らかに岡さんの身体の感覚そのものを刺戟し、楽しませていて、そういう岡さんは新鮮な好奇心でいっぱいの、いつまでも若々しい音楽好きであった。

そして、ストラヴィンスキーの「春の祭典」。原色をぶっつけた強烈なフォーヴィスムを生み出したその管弦楽法が岡さんの興味をそそった。そして岡さんの好きなアンセルメ指揮のスイス・ロマンド交響楽団の明晰で抑制の利いた演奏が曲にいっそう緊密な輝かしさをあたえていた。またこの場合、音の特性を完全に引きだし、その表情まで完全に再現してくれる高城さん苦心の再生装置はほんとうに素晴らしかった。岡さんがいつもいっている色彩のオーケストレーションが画室いっぱいに拡がるなかで、とくに岡さんを夢中にさせる金管楽器の明るく、華やかな肉声が素晴らしかった。岡さんの絵によくいわれる典雅、静寂といった言葉から生れる禁欲的なイメージからは推しはかることのできない激情と逸楽がそこにあった。この曲に熱中している岡さんをみると、抑制の利いた静謐なその画面の下には、激しい感覚が実は火山脈のように地底深く隠されていること、またそのような激しさが、岡さんの色彩をいつも新鮮で張りのあるものにしているに違いないことをあらためて思わないわけにはいかなかった。

ストラヴィンスキーと時を同じくしてパリの話題をさらったものにジャン・コクトオと六人組の活躍があるが、そのなかではオネゲルを岡さんは楽しんだ。「パシフィック二三一」を面白がったが、ドラマティック・オラトリオ「火刑台上のジャンヌ・ダルク」をみんなでよく聴いた。レコードはオーマンディ指揮のフィラデルフィア交響楽団で、このオーケストラの音の輝かしさを存分に発揮した演奏であった、中世、ルネサンスの伝統に立って、そこから得られる聖歌、民謡などの素材を使いこなしたこのオラトリオの、ほとんど受難楽のような魅力を岡さんは喜んだが、また、ポール・クローデルのテキストが好きで、オネゲルによっていっそう輝かしいものになっているフランス語のドラマティックな美しさに堪能していた。ジャンヌ役のヴェラ・ゾリーナの声も素晴らしかった。それはときにジャンヌの肉体の実在を訴え、ときにジャンヌをセラフィーヌ（熾天使）と化して、高みに導いてゆくのであったが、彼女が劇中で歌うたったひとつの歌「五月の歌《トリマゾ》」に岡さんは聴きほれた。オネゲルはこの作曲にあたって、大衆のために「率直で素朴なもの」にしなければならないといっているが、その結果は、しばしば手垢のついた愛国劇になり勝ちなジャンヌ・ダルク劇をはるかに抜いて、新鮮なイメージそのもので訴えてくる近代音楽がそこに現われていた。岡さんはオネゲルのそのような近代的な意識に安心して身を任せ、あとは芝居を楽しむようにこの音楽を楽しんでいたのだと思う。そういうときの岡さんの表情はいきいきとしていて、何時の間にかソファーから下りてしまい、画室のまんなかに座布団を置いて、その上で膝を立てて聴いている岡さんの小さな肩から背中までが楽し気であった。

　岡さんが亡くなる前の年、私はパリでの仕事の合間をみてルアンを訪ねた。モネの連作で有名なカテドラルを見にいったのだが、ルアンがジャンヌの火刑の地であることが念頭を離れなかった。六月とも思えない冷たい雨にけむるカテドラルでは、それでも十三世紀のステンドグラスが素晴らしかった。カテドラルの横から裏町の狭い石畳を抜けると、ジャンヌの火刑台がおかれた広場に出る。当時、市場が立ったその広場は、その日の暗く冷たい雨にことさら陰気にみえた。その広場をゆっくり廻りながら、火刑台上でジャンヌが歌った「五月の歌《トリマソ》」をくちずさんでいると、次第に身体が弱っている岡さんのことを思わないわけにはいかなかった。広場を囲む建物のひとつに「ジャンヌ・ダルク博物館」という怪しげなものがあった。どんなものでも一応みておくことを主義にしている慾ばりの私が、その前をとうとう通りすぎてしまったのは、岡さんの愛したこの美しい歌の故であったかと思う。

*

一九五九年二月に日本を発って、海路フランスに向った岡さん（この年六十三歳）は、一九六一年まで久しぶりにパリの郊外に落ちつくが、その五九年発行の『みづゑ』に「グレゴリオ聖歌をきく」という文章を書いている。ソーレムのサン・ピエール修道院へグレゴリオ聖歌を聴きにいった経験を語っているなかで、

「グレゴリオ聖歌をきくようになったのは（レコードによる）今から思うとフォーレの『レクイ

エム』に端を発しているようだ。フォーレの『レクイエム』からうけるおどろきと抑えがたい愛惜の念はやがて地下水のようにバロック、ルネサンスの宗教音楽の地層にしみこんでいってパレストリーナなるものにふれ、さらにこのローマ楽派の教会複音楽からもっと単純な、もっと端的なスールスを求める欲望がとどのつまりグレゴリオ聖歌に誘いこんだといえるのかもしれない。レコードにたよるしかない私らはレコードの入荷次第にきくよりほかに方法がないのだから。」

と書いている。音楽会は増えても、演奏曲目が日本人好みの名曲に片寄ってしまう現状では、「レコードの入荷次第にきくよりほか」ないというのはまったくその通りで、そのため岡さんはシュワンのカタログを丹念に調べて、何かみつけ次第惜しみなくとりよせていた。さかんに登場してくる中世、ルネサンスからバロックの新譜を追いながら、フランス・バロックのシャルパンティエ、カンプラーあたりからパレストリーナ、モンテヴェルディにさかのぼり、さらにジョスカン・デ・プレからついに六世紀の聖歌にいたったというのが岡さんの実感であったと思う。もちろんこのような順を追ったわけではないが、今になって思えば、当時のレコード・コンサートの曲の選択にもこの気持をうかがい知ることができる。戦前のパリで音楽を精神的な糧としてみずからの芸術に精進していた岡さんが、フォーレにはじまるフランス近代音楽の精緻で知的な古典主義を愛し、さらにその晩年になって宗教音楽の系譜をさかのぼるなかで、神とともにある人びとの素朴な信仰告白と、そこに歌われる聖歌をもとめて田舎の修道院を訪ねるにいたる道程もまた岡さんの芸術の基本的な性格をよく語っていると思う。

いまここで私自身の経験に即していえば、私は長い間フォーレの「レクイエム」を美しい宗教音楽として何の抵抗もなく聴いていた。その後、ヨーロッパを訪ねて、そのカテドラルや教会の建築、彫刻、ステンドグラスに親しみ、また岡さんに教えられてその地のオルガンと聖歌隊のコーラスに親しむ機会が重なるなかで、久しぶりにこのフォーレを聴いたとき、そのソプラノに実はサロンの脂粉の香りを感じた。これを宗教音楽とよぶには、あまりにも繊細で、あえていえば文芸サロンの芸術で、グレゴリオ聖歌やロマネスクの教会堂が神とともにある人びとの素朴な神との対話であるならば、この「レクイエム」は名代のバラ園で手をつくした典雅、華麗の名花といわなければならないと思った。岡さんはしかし、この去り難いバラ園をそうと知りながら行きつ戻りつするなかで、眼をあげて遠く宗教音楽の源流をもとめたのであろう。私たちはここで岡さんの長いヨーロッパ体験が、岡さんをフランスという土地に生きているカトリックの伝統とその芸術への愛着と共感に導いていったことを忘れるわけにはいかない。

一九三七年の作品「礼拝堂」に岡さんは、

「カトリックの信者ではないが、くりかえし礼拝堂を描いているのは、礼拝堂建築の独自な、安定感のある形態の魅力にひかれるからである。……この絵はフランスの田舎、モンタルジス礼拝堂である。ここで村人たちと一緒に聴いた『休息のミサ』の清淳な合唱はいまでも忘れずにいる。」

という説明をつけている。この地で生活することは、また、このようなカトリックの精神生活に立会うことに他ならず、岡さんが好んで描く礼拝堂は、岡さんの絵の主要なモティーフのひとつであるばかりでなく、岡さんの心のなかにも据えられていて、その単純で堅固な美しさと、それを作りあげた石工たちの手の確かさが、そこで歌われる聖歌の素朴な美しさとともに、岡さんの芸術のそもそもの強い基盤になっていたと思う。

一九五九年から三年間にわたるフランス滞在の間、ようやく六十歳台に入った岡さんは、あらためて勉強をやりなおすつもりで試みた仕事がまとまらず、大へん苦労した、と帰国後話してくださったが、しかし、そのいつも快活で、人をそらさぬ話し方からは、どんな苦闘を強いられたのか、私などには容易に想像できるものではなかった。ただ私は、岡さんの画業にとってはいわば里帰りであるはずのフランスの久しぶりのゆっくりした滞在を、ときに放心し、自分の感覚をそこにゆだねて過ごすひとときも多かったに違いないと思う。また、大戦のためにあわただしく帰国して以来、日本の風景のなかに、自分のイメージに適合する対象物をもとめるその試行錯誤の道程――それがしばしば惨めな結果をもたらしたことは、誰よりも岡さん自身がいちばんよく知っていた――の困難だけを思っても、あらためてその感覚を新鮮なものにしてくれる地に落ちついた岡さんのひとときを想像するだけでも私は楽しい。この間、ブルターニュの寒村の「田舎寺」の司祭の生活に親しく接した岡さんは、たくみなユーモアに愛をこめて、その単純で善良な司祭たちの農民風の一日の暮しや、野放図な服装の話をして、そこにこそ本当の人生があると断言した。また、カマルグの大湿地帯とそこに住む人びとや鳥の話も面白かった。フランスの自然、建物、その言葉、食べもの、そもそもフランス人というもの、そういう話をしているときの岡さんはユーモアの天才で、しかも心からのフランスびいきであった。グレゴリオ聖歌という言葉から、それを愛した岡さんに、孤独で、禁欲的な、まるで世にいう聖職者のようなイメージをもつ人がいたら、これほど間違っていることもない。洒脱で、人をみる眼の暖かい岡さんは、フランスに生活してその地の人びとの保守的な頑固さを愛し、そこから生れる人情を喜ぶ下町っ子であった。

さて、さきに引用した小文「グレコリオ聖歌をきく」は、そのあとに続けて、こう結ばれている。

「それにしても、ソーレムの修道院行きを決行させた直接の誘因は、まれにしか聴けなかったメシアンのいろいろな曲を思いがけずにパリできくことができたからである。『トゥランガリーラ交響曲』のうちにも、中世のグレゴリオ聖歌はなまなましく生きているのだもの。」

この旅行の前後から、私たちはメシアンの「世の終りの四重奏」と「トゥランガリーラ交響曲」を聴き、さらに「異国の鳥」や「幼きイエスにそそぐ二十のまなざし」がそこに加わった。一九六二年、メシアンが来日して軽井沢で鳥の声を収集するころには、岡さんのレコード・キャビネットには鳥の声の録音レコードやテープがいくつも集められていた。そしてこのメシアンの来日を記念して、同じ六二年に小澤征爾の指揮で「トゥランガリーラ交響曲」の日本初演が実現し、岡さんももちろん聴きにいったが、その頃までが岡さんがこの交響曲に熱中していた時期であった。しかし、岡さんの愛するフランス近代音楽の新古典主義的な伝統から大きく逸脱し、ヴァグナーかベルリオーズのように長大で、粘りこく、コンポジションの弱いこの作品に何故、この頃の岡さんは心を魅かれたのだろうか。そもそもはその特異な管弦楽法——例えば、しきりに使われている木魚の音に膝を叩いて喜んだ岡さんの姿が眼に浮んでくる——やリズムが、激しく岡さんの好奇心をそそったこと、また、ことレコードに関していえば、そのステレオ効果の面白さが岡さんを喜ばせたことはいわずもがなのことだったのだが。私は私で、この音楽が容易にヴィジュアライゼーション（視覚化）できることが面白く、音楽の進行につれてアクリル塗料の抽象絵画が展開してゆくような空想を楽しんでいたが、画家の岡さんはもっと徹底的に視覚化していて、その面白さを楽しんでいるのか、とも秘かに思っていた。

ともあれ、岡さんの画室の大きな、そして完璧な再生装置から、私たちを左右から押しつつむようにして鳴るこの交響曲には、明らかに人の理性を麻痺させる麻薬のような力があった。鋭く狭窄し、激しく爆発する金管群、そしてマラカスやウッドブロックなどの打楽器の鮮烈な音が、オンド・マルトノオの長く引き伸ばされた旋律がつくり出す不吉な空間のなかに拡散する。油絵にたとえればジョルジュ・マチュウか、今井俊満の横長のタブロオのようで、私はときにニューヨークの下町の、巨大なビルの壁の底に挟まれている油じみた夜の街路を連想していた。同じく岡さんが愛したバルトークの「弦楽器、打楽器、チェレスタのための音楽」や、あるいはヴァレーズの「イオニゼーション」でも、そのチェレスタやハンマーやサイレンの音は、メシアンと同様に現代の非情の音楽として私たちの心を捉えていた。しかし、バルトークやヴァレーズの音楽は、即物的な反ロマンの芸術として、今日の私たちを感動させてきたのであって、その構成は、明らかに古典的な骨格をもっていて、私たちを鮮明に知性の岸に立たせるものであり、決して本能の淵に沈めるものではなかった。しかし、メシアンが好んで使うオンド・マルトノオの電気的で不気味な旋律が流れているとき、私たちはラテン的な秩序と調和に明らかに対置された世界、といってヨーロッパ人のいう東方的な異国の神秘、官能といったロマン主義の観念とも似て非なる、性的で視覚的な陶酔の世界に身をおいているのだと私は思う。しかし岡さんは、実はメシアンが熱心なカトリック教徒で、パリのトリニテ教会のオルガン奏者として働いていることを感に堪え兼ねる風で語った。パリでこの交響曲を聴いたあと、岡さんがグレゴリオ聖歌をこのなかに感じたというとき、率直で力強いロマネスクの教会建築にもたとえるべきこれらの聖歌に伝えられている素朴な力、東方の荒野にあって神をみた人びとの野性の声をメシアンの音楽に感じた、といっているのだろうか。リズムも自由で、長調と短調にこだわらないグレゴリオ聖歌が、かねて岡さんの感覚を、フランスの古典主義的な近代芸術を生んだ西欧の知的伝統から、西欧の誕生以前の暗い野性のなかに解き放っていた、とあえていうなら、このメシアンの陶酔が岡さんを捉えていた理由もわかるように思うのだが。このような岡さんのメシアンへの熱中は、すでに述べたように六十歳のときから四、五年にわたっていて、岡さんがパリで「トゥランガリーラ交響曲」をはじめとするメシアンの作品を聴く機会を得て喜んだのも、この時期のフランス滞在（一九五九年―六一年）中のことであった。

この時の旅行から帰国した岡さんは、さきに述べたように、楽しい土産話のかたわら、絵がほとんど描けなかった、と嘆いたが、たまたまこの時パリ郊外の岡さんが滞在している城（シャトウ）に立寄った旧友の今泉篤男氏は、岡さんが仕事にひどく疲れていて「髪の毛が日本にいた時よりびっくりするぐらい白くなっていた」と書いておられる。岡さんはまるで描き損じばかりだった、と笑っておられたが、事実、この三年間の滞在中に仕上ったのは、一九六二年の春陽会に出品された「望楼」ただ一点という淋しさであった。このフランス滞在は、実は岡さんにとって、あらためて制作に苦しみ、新しい道を模索する苦業のはじまりなのであった。

＊

この一九六二年の春陽会には、この「望楼」以外に「群落（雪）」が出品され、また、現代日本美術展に「群落（A）」、「群落（B）」、そして国際形象展に「群落」が出品されたが、これら一連の「群落」の作品をみたこの年の印象を私は忘れることができない。そのときまで私のなかにあった岡鹿之助像というのは、まず大戦前のいわゆる滞欧作によって決定的にひとつのものに完成されていて、そこに戦後十年、例えば一九五二年の「遊蝶花」や五六年の「雪の発電所」など五十歳台の作品と、執筆活動――スーラやルソーやルドン、ボナールなどのこと、あるいは油絵技法のこと——から生れたイメージが重なり合ってできていた。しかしそういう私のなかの岡さんとは異質な何かがこれらの作品に加わっているように思え、とくに「群落（A）」のぎっしり重なり合っている建築物を形づくる屋根の斜面と斜線の繰りかえし、暖炉の煙突と家の壁の垂直線の無数の並列に不安を感じた。現代の作曲家が数学に苦しめられている不幸をいうなら、この場合も、精密に計算された画面をつくる画家の不幸を考えなければならない。「群落（B）」の方には、それでもイタリア・ルネサンスの素朴で、明るい幾何学精神の喜びが感じられるが、「群落（A）」はむしろバロックの息苦しさを感じさせる作品であった。そして一気呵成に筆を走らせることをしない岡さんの、こつこつと絵具をつけてゆく筆が、いくつもの垂直の面と斜面を積み上げてゆく労苦を思わないわけにはいかなかった。この印象は、私の好きな岡さんの雲、ピエロ・デルラ・フランチェスカのような雲のある空を背景にして虚空に伸び上っている「群落」の場合も変わらない。

しかし、このようなバロック風の過剰な世界とは別に、この一九六二年の「群落」シリーズのなかのもうひとつの作品「群落（雪）」のような抑制のきいた構図が同じ年に発表されている。同じくバロック風な動勢をそれとなく暗示する雪の斜面の裾に位置している群落の雪の屋根から屋根へ眼を移してゆくとき、ほとんどモーツァルトの弦楽を聴く思いをしたのは私だけであろうか。強弱さまざまの白い斜面の絶妙のアンサンブルがひきおこす視覚の楽しみは、また、そのまま古典主義的な伝統に立ったフランスの近代音楽にも通ずるものといえよう。もしこれが私のなじんできた岡鹿之助の世界であるならば「群落（A）」の過剰はいったい何であろうか。しかし、私のそのような戸惑いと関係なく、求道的な岡さんはこの試みをさらに進めて、翌年の春陽会展に「林」を出品、垂直線と斜線のいっそう複雑なコンポジションを実験している。オザンファン・ジャヌレの直角と斜線の造形理論と、スーラのいう水平線と垂直線のコントラストの理論が岡さんの生涯の課題になっていることをあらためて知る思いがするが、このような根をつめた実験に岡さんを執拗にかりたてたデーモンが何であったかを考えないわけにはいかない。

さらにひとつの例をあげたい。それはこれらの「群落」のシリーズから四年経った一九六六年の国際形象展の「献花」である。アンリ・ルソー風のファンタジーにみちた熱帯植物のイメージを盛った花籠だが、三色菫やアネモネの花びらに代って重く逞しい植物形態が、増殖し重なり合って、そこにひとつの「群落」が出現している。左右には画家のパリの思い出であろうか、初期の「滞船」にあらわれた幻想のなかのチュールのカーテンがかかっていて、ひとつひとつが動物じみた精気を放っている形態の増殖を押えるかのようにみえる。また、背景の空には、ふたたびピエロ・デルラ・フランチェスカのような雲のある空がさわやかにひろがるが、それにしても籠の左半分のなかから一本の樹木が、頭を切られたまま垂直に伸び上ろうとして、全体の不気味なバロックの動感を決定的なものにしている。私はこの絵の前でも、ふたたび岡さんのメシアンへの傾倒を思い出した。何年にもわたって、岡さんはメシアンの音楽に、この近代フランス音楽の知的な古典主義的伝統に反逆した音楽に、みずからの芸術の古典的な秩序を破壊するものをもとめていたのかも知れないのである。

岡さんの六十歳台は、その生涯のなかでも特別の時代であった。画家がその成熟の時を経て、にわかに色彩感を開放し、華麗な花を晩年に咲かせることは、岡さんがみずから書いているルドンやボナールの例をみても不思議はないし、また、構図がバロック風になって、古典主義的な作風を一変することは様式の変遷の公式でもあるといえよう。岡さんの六十歳台の作品からこのような公式を満足させる作品を選び出すことは難かしいことではない。しかし、若年からひとすじの道を歩んできて、知的で端麗な作風を完成した、と世間が思っているこの画家を、これらの特異な作品に駈りたてたデーモンがそもそも何であったかを知ることは容易ではない。ただ、あらためて繰りかえせば、岡さんがメシアンに熱中していたのは、このような苦業の六十歳台の前半だったのである。もちろん、一人の画家の画風とその音楽の好みを安易に関連づけるわけにはいかないが、そもそも音楽は岡さんの場合、その意識のもっとも深いところにあって、その芸術と微妙な関連をもっていたと思うし、音楽はその画面に現われるリズムやトーンを支配するほとんど生命の働き同様のものであったと思うと、この時期のメシアンへの傾倒が岡さんのこのときの画風を暗示していると考えるのも強ち牽強付会とはいえないように思われる。

岡さんはそういう苦業のなかで、体力をぎりぎりまで使い果される日もだんだん多かったに違いない。私の記憶も次第にあいまいになっているが、私たちを招んでくださるレコード・コンサートは一九六八年が最後の年だったと思う。一九六九年の春陽会の出品を終えて、五月、フランスへゆき、十月に帰国されてからは、もう夜更かししてレコードを聴くなぞという無理は避けなければならないお身体であった。そしてメシアンに関していえば、一九六二年の「トゥランガリーラ交響曲」の日本初演あたりを頂点として、やがて興味を失ってゆき、レコード・コンサートの主役はシャルパンティエの「真夜中のミサ曲」、カンプラーの「レクイエム」など、フランス・バロックの宗教音楽に移り、岡さんはその典雅で清冽な魅力に心をあずけているようであった。また、モンテヴェルディなどのルネサンス音楽も何回か登場した。ともあれ、六十歳台の岡さんの作品にしばしば見られたデーモンは、その七十歳を境に沈静し、ふたたびその前の岡さんの構図にかえってゆく。一九六八年（七十歳）の「献花」は岡さんのいわばバロック風な十年の最後を飾る佳作で、山百合を中心に配置されたとりどりの花は、その動勢に典型的な円運動をみせ、背景もまたそれに応じて回転している。この華やぎを最後として、あと、「三色菫」（一九七二年）にしても、「燈台」、「水門」（ともに七三年）にしても、岡さんがもとめたいという「静的な浄福」の世界がふたたび目指されていることを語っている。「三色菫」の色彩には東洋風にいってようやく枯淡の様があって、これをあえて中国陶器になぞらえれば、明の色絵の繊麗典雅といおうか。「水門」も単純な構図のなかに見事なムーヴマンがあって楽しく、また一九七五年の八号と六号の「粉ひき場」など、壁面の質感の追求の手慣れた筆も明るく楽しげで、そこにはルソー風の素朴さも漂って、私はようやく老境に向うアンティミストのゆっくりと美しい微笑をみる思いがする。

＊

最晩年の岡さんは、おめにかかると、レコードを聴くのも疲れてね、とこぼしておられたが、それをまるでレコード・コンサートをできないでいることを詫びるような調子でいってくださるのであった。私は音楽のことをおたずねするのも気が重くて、ほかの四方山話をして帰ることが重なった。

そのころ、岡さんが何を主として聴いておられたのだろうか気になるままに、岡さんが亡くなってちょうど三年目になる四月の末に、岡畏三郎さんをお訪ねして、このことを伺ってみた。畏三郎さんは、兄は呑気に音楽を聴くということができなくて、聴きはじめると夢中になってしまうので、それでいっそう疲れるのですよ、といいながら、雨のなかを懐しい画室に案内してくださった。イーゼルの前の小さな腰かけが、身体を労って大きな椅子に変っている他は、長い間拝見してきた画室の何ひとつ変っていない有様に、私はいまにも岡さんが、小さな身体から大きな声で、「やあ!」といいながら入っていらっしゃるような気がした。オランダの染付の水差しにたくさん入れられていた絵筆さえ、すべてそのままになっていた。岡さんの身体がすっかり弱って疲れやすく、思うようにならない日は、畏三郎さんが好きなレコードをかけてあげていたと友人の上甲ミドリさんにきいたので、そのことを畏三郎さんに伺ったら、畏三郎さんは、肯定もせず否定もしないまま微笑んで、別宮貞雄さんのオペラ「有馬皇子」なども聴いていましたよ、といいながらレコードをキャビネットからいくつか取りだして下さった。シャルパンティエがあり、モンテヴェルディがあった。シャルパンティエは「死者のためのミサ曲」、モンテヴェルディは「モテットとマドリガル」、「いとも美しきマドリガル」、そして「聖母マリアのための夕べの祈り」である。「聖母マリアのための夕べの祈り」は、とくに岡さんが最後まで繰りかえし聴いておられたもので、レコードはミシェル・コルボス指揮、ローザンヌ合唱団と同合奏団の演奏、とくに第十三、十四曲の「マニフィカート」を岡さんは愛した。解説書の文中「第一マニフィカートは精神性をたたえ、第二マニフィカートはより色彩的で輝かしい」という所に、赤いアンダーラインが岡さんの手で入っていた。

畏三郎さんが再生装置のモーターにスイッチを入れて、慎重に回転数を確めていると、その様子が亡くなったお兄さんそっくりになった。そして畏三郎さんは、その曲をかけてくださった。岡さんがアンダーラインをした解説の箇所は、この曲全体にわたってもいえることで、バロックの甘美な宗教音楽を聴きなれた耳は、たちまちその深い精神性に魅入られてしまう。そしてヴェネツィア派の絵画同様の色彩の輝きが心を高みに導いてゆくのにまかせていると、私はヴェネツィアのサン・マルコ教会の薄くらがりの聖母を思い出した。ビザンティン様式の聖母像の光背に嵌めこまれた青、真紅、緑の宝石が妖しく光って、東方の逸楽と官能を漂わせている。ゆっくりとした旋律に誘われるままに、そういうひとときを思い出していると、私はあらためて、岡さんの絵と音楽の生涯にわたる深い関係を思わないわけにはいかなかった。そして、このモンテヴェルディに、長い病気との戦いに憔悴した心を慰めた岡さんの気持を思って、胸がいっぱいになった。このあと畏三郎さんは、岡さんがその最後まで愛して止まなかったフォーレの「レクイエム」をかけてくださった。岡さんがとくに好んだクリュイタンス指揮、パリ・コンセルヴァトワール交響楽団のそれである。とくに第六節「我を救い給え、主よ」を畏三郎さんは繰りかえした。

「ですから青山のお葬式のとき、今泉さんとも相談して、モンテヴェルディの『マニフィカート』のところと、フォーレのこの Libera me, Domine を高城さんに入れてもらってかけたのです。」と、いつも岡さんの身辺にいて、細かい気遣いを絶やさなかった畏三郎さんは、その優しい眼で私をみた。

岡さんとラプラード——『岡鹿之助文集』解説にかえて

文章のこととなると、岡さんはいつも、自分は絵かきで、書きものはその時々の求めに応じて書いただけだから、といっていた。もし岡さんがみずから文集を編むとなれば、その選択はおのずから厳しいものになるに違いない。しかし、いまそのことを胸にたたんで読みなおしてみて、簡潔な文体に繊細な感性と巧まざるユーモアを織りこみながら、ルドンやボナールなど、愛する画家を語っている岡さん、フランスという土地とその伝統や人情を思いながら、心の歌をうたっている岡さんの文章をあらためて美しいものに思う。しかも、調べものの好きな岡さんは、油絵の材料、技法、画家の伝記、作品に関するデータについても、つねに正確を期し、必要な文献を収集して眼を通した。岡さんの書きのこしたものが、いわゆる画家の随筆の域にとどまらず、啓蒙的な入門書、あるいは秀れた作家論として読むに耐えるものが多いのも当然のことと思う。しかも岡さんが求められるままに、絵を描く貴重な時間を割いて書きのこしたこれらの文章は、また相当な分量になっていて、その選択は容易なものではなかった。

しかし、生前に出版された著書として、油絵の材料については名著『油絵のマティエール』（昭和二十九年、美術出版社）があり、また文集として『フランスの画家たち』（昭和四十三年、中央公論美術出版）があることから、本書では油絵技法の基本に関するものは省き、その他のものも、美術出版社の刊行物に掲載されたものを中心として選ぶ約束になった。しかし、『フランスの画家たち』に収録された文章も『みづゑ』など美術出版社の雑誌からのものが多かったので、選択はおのずから本書のような結果になった。なお、対談や座談会の記録を除いたのは、文集という本書の性質上止むを得ないことと思う。

何はともあれ、ここにその代表的な文章のほとんどを収録することができ、絶えざる修練と、繊細な感覚と、強靭な知性とに貫かれた一人の画家の精神生活とその画業を知るに足る文集となったことを幸いに思う。岡さんは、その言葉を借りれば、額縁の中から手を出して人の袖を引くような絵がややもすると横行するなかで、知的で静寂な構図と抑制の利いた色彩を生涯堅持した。さらに岡さんは、一人の知識階級として、その知的水平線を西欧の社会と文化に定置しながら、ひるがえって同時代の日本の美術や音楽、演劇や文学に新鮮な好奇心を絶やすことがなかった。そのような岡さんであって初めて書くことのできた秀れた文章の数々のあとに、あえて紙数を借りて補足的な解説を試みる無謀をお許し頂きたい。

＊

何より無念に思うことは、岡さんが二十六歳から四十一歳（大正十三年から昭和十四年）までの十六年間を過したパリの日記が失われていることである。昭和十四年、第二次大戦がはじまって、パリの町にもにわかに空襲警報が鳴るなかであわただしく引揚船に乗らなければならなかった岡さんは、「両手に持てるだけ、と大使館から制限された荷物——小さいスーツケース二個——を手にパリを脱出した」が、そのスーツケースは「マッチ箱より小さく思われた」という。そのなかに岡さんは自分の日記を入れることができず、それを放棄してきたのである。さらに岡さんのお話によれば、文久二年、幕府の遣欧使節の一員として福沢諭吉らとともに渡欧した祖父の佐賀藩火術方岡鹿之助喜智もほぼ一カ年にわたる渡欧日記を書き残してあったのに、これは大正十二年、関東大震災の際に浅草今戸町の邸宅焼失とともに失われてしまったという。私はこの失われた二つの日記にそれぞれ誌されていたはずの言葉をあれこれ空想することをやめることができない。

鹿之助喜智は佐賀藩の重臣の家に生れ、長崎の海軍伝習所の伝習生として、オランダ人から砲術、航海術さらに科学一般を教授されたあと遣欧使節に加わった。のち、明治三年、佐賀藩から明治政府に献納されたオランダ製の軍艦日進艦の副長となり、翌四年、四十歳で新政府海軍の大尉に任ぜられるが、三カ月後本官を免ぜられる。性格が一徹で上司と意見が合わなかったといわれるが、その後は文官として海軍にとどまり、明治二十四年に退官した。明治政府の新体制のなかに技術官僚として登場しながら、処世術にもうといまま栄達の道を閉ざされた生涯であったが、その間、同僚とフランス語の辞典をつくり、明治四十四年のその死にいたるまでの晩年は、孫の鹿之助に四書五経の素読と法帖の手習をさずけた。岡さんの思い出によれば、喜智はパリの印象をくりかえし語り、その停車場の大きいのに驚いた話から始まって、最後にはいつも「お前も大きくなったらきっとパリへ行けよ」といったという。喜智が加わった遣欧使節のパリ滞在の様を諭吉の『福翁自伝』で読みながら、失われた日記には技術官僚として喜智なりの別の観察があったに違いない、と思うのは私だけではないであろう。

その子の岡鬼太郎はいうまでもなく明治、大正の演劇界にあって、劇作家としてまた劇評家として活躍し、演劇改良につとめた。その近代的で厳格な批評が果たした役割りは大きかったが、劇評という文字を嫌い、「評判記」と称していたという。葉隠武士の家に生れながら、市井に沈潜した粋人であった。しかしそういう鬼太郎はまた岡さんがパリから父君にあてた手紙の日本語の誤りや不適当な表現のひとつひとつに朱筆を入れて送りかえしたという。鬼太郎が厳父喜智に隠れて稗史小説の類から浄瑠璃本を読み漁り、長じては演劇界に身を投じ、かたわら花柳小説まで執筆したのも、その始まりは父に対する反抗でもあったろうが、鬼太郎の作品は花柳小説でも「鋭い観察と諷刺の精神がある」（戸板康二）といわれ、その生涯と芸術活動は、そもそも鷗外と漱石が早くから指摘してきた明治の実利的な西洋文明摂取と金権主義への反逆であったといわなければならない。

岡さんはこのような祖父と父との間に人となった。岡さんはいつか父鬼太郎の葬儀の話をして、その折、久保田万太郎の尊大さをにわかに見せられたときの不愉快な思い出から話題は永井荷風のことになったが、岡さんは荷風の反逆と孤独にこの上ない共感をよせていた。若い日の岡さんがパリに落ちついて、仕事に自分の個性を賭け、しかも、下町風な機智と暖かさを忘れない芸術家仲間と、そういう芸術家たちを育てる伝統と環境を見出したときの喜びは如何ばかりであったろうか。パリに着いた岡さんは、苦心惨憺の無名時代をやっと脱け出した先輩藤田嗣治に教えられながら、藤田とはおのずから異った生活を一途に守っていて、その一徹さは祖父の喜智を思わせるが、一見華やかにみえる当時の藤田の生活も、実は細心の職人気質に貫かれていたことを岡さんはよく知っていて、パリは芸術家に寛大なところだが、また怖いところだとしみじみ語っていた。岡さんのパリ日記の喪失は、このようなパリを発見して、そこに生きたひとつの才能の貴重な証言を失ったことに他ならず、さかのぼって、同じパリでその地の文明を見た祖父喜智の日記の焼失と併せて無念というほか嘆きようもない。

しかし、幸い本書に、昭和二十一年、婦人誌のために書かれた「言葉への愛情」を収録することができた。フランスの、あるいはパリの文化とその伝統に対する岡さんの敬愛と共感に溢れているこの一文は、失われたパリ日記に代わるものでは決してないが、岡さんの人柄と芸術を理解する手近な鍵として、ほんとうは最初に置きたいもののひとつであった。

*

そもそも岡さんは絵画の造形と技法についてこよなき語り手であったが、ルドン、ボナール、スーラそしてアンリ・ルソーなど岡さんが自分で選んだ画家の人と作品について書くとき、それがまた画家としてのみずからの信条の告白になっていることは、一読してただちに納得のいくところであるが、本書のはじめに、これらの画家に関する文章を置いた理由も他ではない。

絵の仕事が終わる午後四時のあとの画室で、岡さんが美しい複製を前にして、スーラの絵の構築的な秩序と均衡、ルソーの絵にみられる線と色面のリズムなどについて、まるで自分の作品を語っているように、共感をこめて話してくださった日々が、私にはまだ昨日のことのように思われる。また例えば岡さんは、サロン・ドートンヌに初入選したとき、左右にならんだ作品のなかで自分の画面の肌があまりにも脆弱で、みすぼらしいことに気付いたときの不快の念は生涯忘れない、とたびたび話し、堅固な色面によって色彩のトナリテ（色のひびき）を獲得しなければならないと強調した。この色彩のトナリテを実現したい、という言葉は、岡さんのマティエール（「画面の肌」）に関する理想を一言でいい表わしていると思うが、このような話を伺っているとき、私はいつも「トナリテということがいまわかった。瞼をひくひくとさせながら私は眼を細める。（もっと早く、誰か先生が教えてくれていたらよかったのに……）」（南原実訳）と日記に書いた二十八歳のパウル・クレーのことを思い出した。

岡さんのお宅でクレーのことを伺った記憶はないが、昭和四十年二月にパリからいただいた葉書に、「暮から正月の中旬にかけて、雪のスイスへフランスの友人夫妻が車で出かけるといふのに便乗して、バーゼルとベルンのミュゼで、毎日クレの絵ばかり見ていました。作家の心情にぢかにふれる思いのするものばかり、それになんといふ静かさにみちた表現でしょう。私の粗雑な仕事が恥かしくてたまりませんでした。……」と書いてあった。私はあらためて岡さんとクレーの稟質の共通点を考えさせられたが、「トナリテ」という言葉を大切にする岡さんもクレーも、ちょうどルドンのように、この上ない音楽好きであった。岡さんが、たとえばルドンのパステルの花を渡欧直後のパリではじめて見たとき、その耳は深い感動のなかでフォーレとドビュッシーの音楽を聴いていたのであり、音楽は岡さんの意識のもっとも深いところにあって、その画面に現われるリズムやトーンを支配するほとんど生命の働き同様のものであったと思う。フォーレ、ドビュッシーにはじまるフランスの近代音楽に対する岡さんの愛着は、ルドンやボナールについて書かれたなかにも語られているが、さらにここに岡さんの音楽遍歴の一端をうかがうに足る楽しい随筆を選んだのも右のような理由からである。

また、岡さんは母に連れられて通った寄席の新内や端唄の世界に親しみ、やがて西洋音楽に目覚め、パリに出てからは一九二〇年代、三〇年代のその地の音楽界に親しんでドビュッシー、ラヴェル、ストラヴィンスキーなどに熱中することになるが、同時に、同じパリの下町の寄席のシャンソンを楽しんだという。そのように、同じ長い伝統のなかにある下町文化をもつ当時の東京とパリの生活の共通点を踏んでいる岡さんの青春に、ある種の羨望の念を押えることができない。「言葉への愛情」とあわせて、いまはほとんど失われてしまったようにみえる伝統の生活と人情、そこに育まれた文化が、岡さんその人を失ったことで、私たちの身辺からまたひとつ遠いものになったと思うのは私の感傷であろうか。

＊

十六年におよぶパリ在住の間に、岡さんはボナール、ラプラード、ザッキン、マルケ、ピエル・ロワ、シャルル・ヴァルシュらと交わったが、なかではボナールとラプラードからそれぞれ影響を受けた。このボナールをはじめとして、ルドン、スーラ、アンリ・ルソーと岡さんの芸術の親近関係については、ここであらためて述べるまでもなく、多くの人びとの指摘するところであるが、ラプラードとの関係、この場合は特にその精神的な親近関係について述べられたものは見当たらないので、ここで手短に紹介しておきたい。

ラプラードは、人を訪ねることが億劫な岡さんが、その画室へいっていっしょにデッサンをするなど、ようやく馴染みはじめたパリで特に親しく教えを受けた人である。その頃、岡さんは制作に調子が出て、サロン・ドートンヌとサロン・デ・ザンデパンダンに出品していたが、ラプラードは一九二九年に岡さんをサロン・デ・テュイレリーに推薦してくれた。当時のテュイレリー展は公募をせず、創立委員の推薦した画家しか出品できなかったので、この時の岡さんの喜びは大きかった。

そもそもラプラードは日本では早くから知られた画家の一人であった。エルマン・デルスニスとその日仏芸術社が大正十四年に開いた「仏蘭西現代美術展覧会」ではじめてわが国に紹介され、昭和六年に画家が亡くなったあと、昭和十年、未亡人の好意で油絵、水彩画、素描合計七六点による回顧展が、当時にあっては本当に遠く離れたわが国で開催され、「外国作家の個展がわが国で開かれるということは、おそらくこれをもって嚆矢とするであろう」(『みづゑ』三六三号)といわれた。また、戦後では昭和四十年に日動画廊で油絵、水彩画、素描、詩集の挿絵合計五十三点の展覧会が開かれて好評であった。実際、日本に所蔵されている作品も多く、昔からその絵は「日本人の好みに合った絵」ということにわが国ではなっていた。しかし、これはラプラードの甘美な抒情から生れたむしろ誤解であって、フォーヴィスムの主流から離れたラプラードは、その本質は理解されないままマイナーな画家として忘れられているというのが実情であろうと思う。

岡さんは、残念ながら本書に入れることができなかったひとつの回想のなかで、岡さんにとってはラプラードとともに忘れることができない人、ルイズ・カーンと、夜の更けるのも忘れて、ラプラードについて、またフォーレ、ドビュッシーについて語り合ったころを懐かしんでいる。ルイズはアメリカからパリに移住したあと、祖国の雑誌に寄稿しながら、ラプラードの芸術への愛と知的な分析の見事に一致している一冊の書『ラプラード』（一九三〇年）を私たちに遺してくれた人で、当時の根をつめた岡さんの生活に優しい一輪の花を添えるような存在であった。彼女はこの本のなかで、ひとたびアメリカ人がパリの魅力にとりつかれると、もうこの国から離れられなくなってしまうことも、ラプラードの絵をみていれば容易に理解できるだろう、といい、さらにラプラードの絵はフランスの体臭の非常に強い絵だといっている。ルイズさんも岡さんも、まさにパリの、そしてフランスの妖しい魅力にとりつかれた人たちであってみれば、どんなに二人は話がはずんだことであろうか。ラプラードにはイル・ド・フランスの柔らかい光のなかの風景や花の絵のほかに、ピエロの操り人形や仮面のある多数の静物画があるが、ここにはイタリア喜劇を愛し、フロベールとボードレールを愛読するラプラードのシニカルな眼がある。ルイズさんはそのようなラプラードの作品にフランスの血、快活でありながら皮肉な、遺伝的な気質を感ずると書いているが、岡さんはルイズさんに、ラプラードの魅力は「作品のうちに隠された根強い反抗にある」といっている。いかにも岡さんらしい言葉で、父鬼太郎の姿勢を思い出す。ラプラードはつねづね岡さんにボードレールを読むことを奨め、ある日はアトリエのストーヴを前にその詩を朗読してくれたというが、そういうラプラードに岡さんはパリの文人気質を見て、その交わりを楽しんでいた。

ちょうどこの頃の岡さんの作品に、左右を半ば幻想的なテュールのカーテンで区切られた空間がテラスに向かって開かれ、そこには鉢植えの植物または花瓶に入った花が置かれ、テラス越しに建物や船がある遠景が拡がるものが五、六点あるが、これは単純にいって、ラプラードがイタリア旅行以来好んだ古典的な構図に学んだものといえよう。しかし岡さんはその構図を学びながら、フォーヴの色感をのこしているラプラードの暖かい画面とは違った堅固で半ば抽象的な線と色面で、ファンタスティックな心象風景を創っているのである。ラプラードと知的な楽しみを分けあう時をもったことを岡さんは、フランスの大切な思い出として話してくださったが、この二人の画家はそれぞれが繊細な感性と強靱な個性を共有していたといえよう。

＊

岡さんの知的で強靱な個性、といえば、これが岡さんの作品にはっきり現われていることはいうまでもないが、もうひとつ、戦時中の座談会における岡さんの発言もまた、時流には容易に迎合しないその強さをよく表わしている。

中村光夫氏は昭和十四年、そのフランス留学を一年あまりで中断されて、岡さんたちといっしょに引揚船鹿島丸の人となったが、その文学的回想「憂しと見し世」（昭和四十九年）を、この帰国の時点から書き起こしている。そして、昭和十四年から五年にかけて、ビルの暖房もなくなり、米の配給に匂いのする外米が混じるなかで、思想、文化に対する圧迫も露骨になってくる有様を述べ、「当局の弾圧と取締りの対象は、マルクス主義から自由主義へはっきり拡大されてきました。」と書いている。そして「わけのわからぬ情報局の役人に八方から掣肘をうけながら」、『文学界』の編集にあたっていた河上徹太郎氏の苦心を思い出している。

美術界でいえば、昭和十六年に美術雑誌の統合が始まり、この年の『みづゑ』一月号の座談会「国防国家と美術――画家は何をなすべきか――」に一陸軍中佐が出席、「いうことをきかなければ、絵具とカンバスは思想戦の弾薬なりといって配給を止める」と発言している。この座談会と前後して、同じ『みづゑ』の昭和十五年八月号に「仏蘭西芸術は何処へ行く」、昭和十六年十二月号に「絵画の技法を語る」という二つの興味深い座談会の記録が掲載されていて、実は岡さんがそれぞれに出席している。祖父の鹿之助喜智と父の鬼太郎から受けついだ反骨の精神と、フランスという土地とその地の文化に対する愛情にかけては一歩も譲らない岡さんの気質を知る上にもこの座談会は興味深い。

昭和十五年の八月号掲載の座談会、すなわち、この年の六月十四日のドイツ軍によるパリ占領の直後に行なわれたであろう座談会「仏蘭西芸術は何処へ行く」は、「フランスは半ば片付

いたようなものですが」といういい方をしている荒城季夫氏の発言から始まっている。席上、岡さんは
「もしヒットラーが苛酷な条件を提示してフランス人を立つ能わざるような目に会わせた場台にも、なおかつ虐げられた石の下の草がでてくるように伸びてゆくのではないかと思います。」

といい、「私はフランスびいきだから自分勝手の考えになるかも知れない」が、と断わったうえで、フランスの芸術家と芸術がアメリカへ渡り、そこに大きな刺戟をあたえるだろう、と明言している。そして荒城季夫氏の現代のフランスの芸術は外国人がつくりあげているもので、爛熟したフランス芸術からは新しいものは生れない、という意見に対して、岡さんは、

「先程お話のピカソにしてもシャガールにしても、フランスに生活し制作したからこそ仕事があんなに立派になったのではありませぬか。もし仮に自国におったならばあれだけの大きな仕事はできなかったろうと思います。それ程にフランスという国は美術を育てる伝統、社会があったばかりでなく、実に大きな雅量がありました。」

と答え、座談会の後半でふたたび、フランスには「芸術的刺戟が充満しているのと、制作を自由にさせる社会がある」といっている。この座談会にはあと江川和彦氏、宮本三郎氏が出席しているが、戦争に負けた国は文化も駄目で、といったムードが全体にあって、岡さんは孤軍

奮闘といったところである。

さらにもうひとつの座談会「絵画の技法を語る」は昭和十六年十二月号、いうまでもなく太平洋戦争が始まる直前に行なわれたであろうと思われる。出席者は今泉篤男、猪熊弦一郎、岡鹿之助、田近憲三、高畠達四郎、小山良修、宮本三郎の七氏であるが、この席でこもごも語られた絵具やカンバス、紙などに関する困難は、この頃すでに画材の欠乏に悩んでいた戦時下の画家の苦労を手にとるように語っている。そのなかで、コバルトについて岡さんは「コバルトは原鉱から取ったコバルトが世界の標準なんです。もし日本で染粉を混ぜると日本のコバルトが標準から外れてしまう。……これは全然コバルトという名前をやめて、ほかの名前にするか何とかしなければいけますまい」と提案している。これに対して、小山良修氏が、当時の国産絵具のほとんどがすでに模造品であり、生産者側は同じ名前をつけておくことをむしろ当然としている実状を報告している。

そもそも、この座談会は専門家が実技について語っているので、戦時下にもかかわらず内容は非常に率直で正直なものになっている。さらに話題は画材のことから、日本の湿度のひどさ、その自然の色の単調、都市の建築の貧しさに及び、さらに、日本の油絵画家の修練の不足、画面の汚なさ、年をとって日本画を描くようになる弱さ、といった問題が語り合われた。そして最後は、「町へ出てもほんとに美の上で教わるというものにぶつかることはない。」(宮本)、「日本で絵で乞食になったら精神まで乞食になると思う。周囲が悪いから……。パリで乞食になってもそうならないと思う。」(猪熊)といった切実な話になっている。われもわれもと日本の優秀さをいい立てたがる時代にあって、まことに思い切った発言といわなければならない。岡さんもまたこの席で、日本の風景を油絵で描くことができなければ、と真摯な態度で発言しながらも、日本の絵画とその周辺の現状すべてに鋭い批判を投げているのである。

思想統制を呼号する軍部とそれに追随する官僚、官製の諸団体の圧力下に、これだけ自由に日本の現状を出しあい、その現実に対する嫌悪の念さえ隠そうとしなかった岡さんたちのような「国際派」になお発言の場があって、しかもそれが印刷できたことは、本当に好運であった。美術ジャーナリズムが言論界のなかでは風の当たらない二義的な存在で、当局の関心外にあったのかと仮定するにしても、あるいは中村光夫氏のいうように、「西洋近世以来のヒューマニズムの流れに棹さすと自負し、文明、平和、自由などを口にする徒輩は、闇屋と同様、ときどき取締りの対象になりながら、存在を目こぼしされているに過ぎませんでした」といった実情であったにせよ、戦後の焼跡の頃、はじめてこの座談会記事を読んだときのさわやかな印象を忘れることはできない。西欧の文化に触れて日本に帰ってくる知識階級が祖国の現実にあらためて向かったときの失望は、鷗外、荷風のとき以来、中村光夫氏や岡さんや、また、ほとんどすべての人のものであった。ましてはじめてパリに着いたとき、「暗いトンネルから青空のひらけた花園に出たようだ、と父親に歓喜の第一信を書いた」岡さんが、生涯の芸術の骨格を作ってくれたパリ十六年の生活を半ば強制的に断ち切られて帰った日本は、そのもっとも暗い、無残な時代に向かって滑り出したまさにその時にあたっていた。そういう戦時下の荒廃した状況のなかで、岡さんのような繊細な感性がかえって強い個性となり、コバルトひとつでも国際的なスタンダードを守るという、今でいえば当り前のようでも、国産品愛用の名のもとに粗悪な品質に耐えることを当然とした当時にあっては勇気の要る発言が生れたのだと思う。

音楽と思い出のアトリエ

洋画家の岡鹿之助さんが亡くなってから、今年で十二年目になる。弟さんの畏三郎さんがその画室と応接間を兄上がお元気のときのままにしていらっしゃる。生涯を独身で通した画家の身辺に細やかな心遣いを絶やさなかった畏三郎さんでなくてはできないことだ。今回、特にお願いして撮影させて頂いた。

夕方、散歩にでてお宅の生垣の横を通ると、四角のタイルを組み合せた画室の壁に西日が落ちている。薄茶からクリーム色にいたるグラデーションがことさら美しい。そういうとき、ひとかたならないお世話になった三十年もの歳月が、いちどに立上ってきて、どうしていいか判らなくなってしまう。午後の仕事が終ったあと、描きかけの花をみせて下さったり、深夜までレコードを聴かせて下さった画室、好きなだけ画集や版画をみせて下さった応接間。そしてそこにいた岡さんは、根は神経質で、身体も丈夫とはいえないのに、人をそらさない座談の名人だった。十六年いた戦前のパリの寄席やシャンソン、話し言葉、本当のおしゃれというものなど、ウィットに富んだその語り口は、実は東京とパリの下町に共通する粋好みの産物で、いかにも岡さんは、花柳《かりゅう》小説と劇評で鳴らした岡鬼太郎の息子さんだった。

岡さんは人気ない燈台、城、教会の風景、幻想的な色彩の三色スミレや花籠の静物をくりかえし描いた。色と形態の究極のハーモニーを実現することを志したこれらの作品が生み出す静かな抒情と、抑制のきいたファンタジーは、いつもあわただしい日本の洋画界に、清冽な一本の軌跡をのこした。その日常も、名利にこだわらないさわやかな感じで、岡さんがよくいったような「額縁のなかから手を出して、人さまの袖を引くような絵」を描くことはできない人柄だった。ここにある亡き画家が愛した身辺のさまざま、まして私たちには、その身体の一部のように思われる磨りへった何本もの絵筆、これらはことさら自分に厳しく、仕事を大切にした画家と、その一日一日を共にしたものばかりだ。

右に愛用の画架があり、正面に敬愛したルドンの石版画がかかり、下の棚には好きだった皿やガラス器やろうそく立てがならんでいる。画室の北の壁だ。写真には写っていないが、この左右に、オーディオ研究家として有名な高城重躬さんが、とくに設計したスピーカーシステムが入った大きな箱が天井に届きそうに据えられている。アトリエならではの高い天井を計算に入れた巨大な低音用ホーンも格納されていた。ここでバッハのオルガン曲を弾くと、さながら大聖堂にいる思いがする。岡さんは大変な音楽好きで、その生活も芸術も音楽ぬきでは考えられない。パリにいるときからそうだった。とくに、自分の仕事の道標にしていたルドンとボナールの色彩を思うとき、フォーレ、ドビュッシーとラヴェルの音楽をそれに重ねていた。レコードを聴くとき、写真の手前にあるソファーに座っているが、いつの間にか、じゅうたんの上に小さな座ぶとんをおいて、そこに腰を下して聴き入っていた。ルドンの晩年に花ひらいた輝かしい色彩に讃嘆を惜しまない岡さんは、ルドンが同時代のドビュッシーとラヴェルの多彩なオーケストレーションに驚きの耳を傾けていたことを、わが事のように楽しそうに語った。オーケストラでは、岡さんは金管楽器が好きで、音の特性を見事に引きだす高城さんの工夫で、明るく華やかに響くフランスの管を、岡さんは床の上で、小さな肩をゆすって聞きほれていた。

戦後のLPの出現は、私たちレコードファンにとって目の覚めるような出来事だったが、岡さんはいちはやくパリの店に連絡をつけ、シュワンのカタログから新譜を選んで、航空便で取りよせていた。高城さんがときどき通ってきてオーディオの改良を重ねる間に、バロックと現代音楽の新譜がつぎつぎと出てきた。その頃、これと思うレコードが到着すると、聴きにくるようお誘いの電話をいただくのを心待ちにしていたものだ。岡さんの絵の好きな人には音楽好きが多いような気がするので、とくにたびたび聴かせて下さったものを記憶のなかから拾ってみよう。それはおおよそ三つのグループに分かれる。第一は、グレゴリオ聖歌、つづいてネーデルラント楽派のジョスカン・デ・プレからイタリア・ルネサンスのパレストリーナ、モンテヴェルディ。バロックに入ってイタリアのコレルリ、ヴィヴァルディー、フランスのシャルパンティエ、カンプラーなど。第二はバッハとモーツァルト。あと、ベートーヴェン、ショパン、ワーグナー、ブラームスなどはすべてとばして、第三は、フランクとフォーレからドビュッシー、ラヴェル、さらにバルトーク、ストラヴィンスキー、オネゲル、メシアン、ブーレーズにいたる。このあたりはまったくフランス好みの選択だが、岡さんが絵の勉強に明け暮れた一九二〇年代、三〇年代のパリの音楽界、とくにドビュッシーの作品の演奏やラヴェル、ストラヴィンスキーらの活躍を想像すれば、これも当然のことだ。パリといえばシャンソンも大好きで、ジュリエット・グレコ、レオ・フェレ、ジョルジュ・ブラッサーンス、カテリーヌ・ソーヴァージュ、モニーク・モレルリあたりをくりかえし聴いた。フォーレの「レクイエム」、ストラヴィンスキーの「春の祭典」は新しいレコードはほとんど買って聴き較べたし、ドビュッシーのオペラ「ペレアスとメリザンド」とオネゲルのドラマティック・オラトリオ「火刑台上のジャンヌ・ダルク」のテキストを、まだコピーの機械のないころだったので、写真にとって紙焼きを作ってわけて下さった。その最晩年、深夜に及ぶレコード・コンサートではお疲れもでて、もうレコードは御遠慮させていただいたころのことを畏三郎さんに伺うと、シャルパンティエの「死者のためのミサ曲」やモンテヴェルディの「聖母マリアのための夕べの祈り」などを特に好まれたという。岡さんはその典雅で清冽な旋律に心をあずけていたことと思う。岡さんの絵が、古典的な造形秩序を守り、繊細な感性を崩さないこと、しかもその色彩に人知れぬ激情がこめられていることは、以上のような音楽の好みからも明らかだ。あらためて、岡さんが音楽を心の糧にし、さらに画家として、そこから多くの示唆を受けていたことを思わないわけにはいかない。

岡さんが仕事を終えるのは正確に午後四時、その頃に伺わせていただくこの応接間は私にとって宝石箱のような所だった。書棚には岡さんが傾倒したルドン、ボナール、スーラ、そしてかねて興味をそそられているアンリ・ルソーの画集や評伝がある。ルドンの石版画や、これも岡さんの好きなフランスの椿《つばき》の石版画を拝見するのもこのテーブルの上だった。田舎風（ルスティック）に作られた柱と天井、皿のかかった壁。窓に夕陽がかげる頃、お手伝いさんが電気を付けにきてくれた。燈の下で、樫《カシ》の戸棚に浮彫りになっている人面の口から下った大きなぶどう唐草、鳥と素朴な植物文様に陰影ができて、彫りがいっそう深くなる。左手、窓ぎわの小さい方は十六世紀で、右の大きい方には一六〇一年と製作年が彫ってある。どちらもフランスのソードルヴィルの古城から来た。窓ぎわの棚のなかでは、ヴェネツィアのワイングラスが暗い情熱を秘めた光を放っていた。

書棚のまんなかにある絵は、一九二五年に藤田嗣治さんが、モンパルナスのドランブル通り五番地にあった岡さんの画室を描いたもの。モンパルナスのキャフェで知り合った女流画家がすすめたアトリエで、これがつい数日前まで藤田さんがいたところだった。その頃、藤田さんはもうパリでは有名な流行画家で、たびたびここに遊びにきて、この絵を一時間ほどで仕上げていったという。藤田さんは自分のモデルをまわしてくれたが、みんなわがままもので、さんざん手こずらされ、とうとう女はやめて風景ばかり描くようになった、と面白おかしく話し、また、このことを藤田さんの思い出にも書いている。しかし、岡さんは大変な話し上手なので、それで女嫌いになったというのは、どこまで本当かあやしい。ともあれ、その一九二五年に、岡さんはサロン・ドートンヌに藤田さんの助言で入選、以後、毎年出品することになる。入選者名簿を見に会の事務所へゆくと、自分の名前がシコノスキー・オコとなっている。早速、シカノスケ・オカだと訂正を申し入れたら、事務の大きな身体のおばさんが、「お前の名はシコノスキー・オコだ。哀れな若者よ。もっと勉強して、せめて自分の名前ぐらい書けるようになりなさい」と叱って、とうとう直してくれなかったそうだ。ロシアやポーランドからきた亡命の芸術家がいっぱいパリにいたころだ。岡さんが口をすぼめていう「オコ」という発音がいかにもフランス語で、何回きいてもおかしかった。

柱にかかった楕円形の木のフレームのなかに黒いスミレが入っている。さすがに三色スミレの好きな岡さん、黒いスミレとは何と粋な、と感心したら、これはおっかないよ、化けて出るよ、とおどかされた。実は、いまは亡き妻や娘、別れた恋人の髪で編む思い出の品だという。

岡さんはモデルのせいで女嫌いになった、と公言するくせに、昔のパリの女のことにはなかなか詳しい。付けぼくろが流行ったころ、はじめ目の下にあった付けぼくろが、やがて唇のほとりに移り、さらにイヴニング・ドレスのあらわな背中にまわり、とうとう指の先にすわりこんで、その指に細身のシガレットをはさんでいたと、ヘビー・スモーカーの岡さんはすこぶる御機嫌だった。そのタバコもとうとうドクター・ストップがかかったが、律義な岡さんはお客様のための灰皿とマッチだけはきちんとテーブルにおいておいた。今でもそのままになっている。

II

瀧口修造の詩画集

アーニー・パイルから『ミロの星とともに』まで

　私は昭和二十三（一九四八）年から編集の仕事をはじめた。その頃仕事は、まだ戦後の混乱が続いているなかで、まず人の消息を尋ねることから始まった。たとえば『ヘーゲルの美学』の著者である土方定一さんが中国からすでに引き揚げておられることを朝日の学芸部で知り、早速湯河原の仮寓へ原稿をお願いする手紙を差しあげ、うまく新橋駅の混雑のなかでおめにかかることができたのもその頃であった。かねて愛読していた本の著者にようやく巡り会ったときの嬉しさはいまでも忘れない。

　疎開先の金沢を離れ、成城の横田さんの家に部屋を借りておられた瀧口修造さんを、はじめてお訪ねしたのは昭和二十五年だったたと思う。瀧口さんは私にとってまず父の書斎にあったアトリエ社の西洋美術文庫のなかの『ダリ』と『ミロ』の著者であった。この二冊はいま机に載っているが、ダリより一年おくれた昭和十五年に刊行されたミロの方が紙質がずっと悪くなっていて日灼けがひどく、早くも資材の不足が始まっていたことを語っている。

お訪ねする前に、当時あらためて再版されたまだ粗末な版で『近代芸術』をはじめて読み、かねて京都の古本屋でみつけて読んだブルトンの『超現実主義と絵画』の口絵を急いで見直した。しかし、詩の作品はとうとうひとつも知らないままになっていた。考えてみると私にとって瀧口さんはいつも文学と美術の評論家であり、ユニークな美術史家であって、詩人としての瀧口さんの像がなかなか頭のなかに定着しないのはこういう出発をしたからかも知れない。そして成城の方へ何回かお伺いして、日米通信社の仕事、とくに字幕に入れる日本語の選択の苦心をきいたり、当時出版されたばかりのアーニー・パイルの『最後の章』を頂いたりしていると、何かジャーナリスティックな新鮮さがその身辺にあって、それが生活のためと苦笑しておられても、若い私からみれば、瀧口さんはやはり西洋美術文庫で颯爽とダリとミロを書いた都会風の感覚の人であった。もっとも私のこのような感想に瀧口さんは、むきになって手を激しく横に振った。そしてこの「都会風な」という印象はやがて消えてしまった。というのは同人誌『山繭』のことから、西脇順三郎や堀辰雄、神西清らのことに話がはずんでゆくと、これら都会の高踏派のなかにいる瀧口さんは、やはり北陸の暗い空の下で生まれた人で、ときには中野重治のような眼で都会の文学グループの生活をみていることに気付いたからである。田端時代の室生犀星さんが竹垣の続く路地を散歩する姿をよく観察していて、私はそんな瀧口さんのことを犀星さんに話したことがある。

あの頃、焼けなかった住宅地や疎開先の番地をたどって、あの苛酷な昭和十年代の後半を生きた学者や画家や彫刻家を探しあてたときの嬉しさ、また、そうやってお互いの消息を伝え合い、海外の新しい動向など情報を交換する喜びは、いまなおつい昨日のことのように思われる。そういえばこの頃、成城の仮住いを引き払っていまの西落合に引越しされたとき、本を詰めたリンゴ箱の谷間に一夜を明かした御夫妻が、そういうリンゴ箱を積み上げたトラックに乗って、新居に着かれたときは楽しかった。不自由な間借り生活を首尾よく抜け出した御夫妻を囲んで、手伝いの若者たちも満足気だった。

瀧口さんは自分の書いた文章を、生活のなかで、需めに応じて書いた雑文にすぎないといってもいい、ときにはそういういい方を楽しんでいるようにさえ見えた。しかし、どんな時でも言葉をきびしく選び、心のなかでみているイメージにかたちを与える努力を惜しまなかった。そしてこのことは、それが翻訳の場合でも少しも変わることはなかった。むかしハーバート・リードの『芸術の意味』の翻訳の下働きをさせて頂いたことがあるが、私にすればこの仕事は、芸術用語の学校へ通ったようなものであった。そこではあの優しく、寛大な瀧口さんが、一字一句を自分の感覚のなかで秩序立てなければ満足できない厳格な教師として立っておられ、選び出された言葉とその配列を忍耐強く観察し、熟考し、必要に応じて、その釘一本で建物全体がしっかり固まるような、簡潔で適切な助言をあたえて下さるのであった。またとくに、フォームとかヴィジョンのような一定の訳語を決めかねる言葉については、リードの使い方を彼の主な著作を通して調べると同時に、文字通り美術史の各時代、各領域のなかで、これらの言葉がどのように使われているかを検討したが、瀧口さんの叱正は厳格をきわめた。

芸術のほとんどの分野に触れたその生涯の文章のすべてを通して瀧口さんは言葉にきびしく、しかも、どんな場合でも自分自身の言葉で語っていた。そしてボッスやピエロ・ディ・コシモなど好きな画家のヴィジョンを自分自身の言葉におきかえながら心の歌を歌っているときの瀧口さんは幸福そうだった。瀧口さんは、その愛した、私にはもっとも愛したと思われるウィリヤム・ブレークのような幻視者（ヴィジョナリー）の資質の歴史家、批評家であったと思う。三十年にわたるおつき合いの間、編集者として原稿をお願いすることも多かったが、詩やエッセーをお願いしたことは一度もなく、すべて美術の歴史と作家論、作品論をお願いしてきた。その分野は建築、彫刻、絵画、写真にわたる。『現代詩手帖』にある「執筆、著作年表」は文学中心で、造形芸術の分野における瀧口さんの貢献を知るには不充分である。そのためいま一例をあげれば、イギリスの十八世紀以後の近代絵画史について、とくにブレーク、ターナーからラファエル前派について瀧口さんはなかなか博覧強記で、それも同時代の文学の動向を視野に入れたものであった。そして、瀧口さんの明快な近代的な歴史観がその博覧強記を貫いていて、日本におけるイギリス近代美術の紹介は瀧口さんの活動によってはじめて一定の水準に達したといえよう。このような瀧口さん亡きいま、私たちはターナーやロゼッティの話に興じて下さる方を喪い、同時にブレークからディラン・トマスまで、いわば瀧口流の文学散歩に連れていってくれる方を喪ってしまったのである。

晩年は、もう決りきった解説や批評の原稿を書くのは嫌だといい、またそういい出すと瀧口さんは梃子でも動かなかった。しかし、もともと瀧口さんは決りきった解説原稿なぞ書ける人ではないのであり、またそうであればこそ、芸術の歴史を正しく近代的な眼でみなおす本当の「解説」が、とくに戦後の啓蒙時代に必要とされたことを、瀧口さん自身、自分の役割りとしてよく知っていたのである。そして、瀧口さんが批評や解説の筆を折ろうと考えられた昭和三十年代の後半の頃、瀧口さんの提出した疑問は、同じ季節を生きていたすべての人のものでもあった。自身の幻視者（ヴィジョナリー）としての資質をかけて、自身の内部に沈潜してゆこうとする瀧口さんにこういう情勢のなかで気付いた私は、同時に、第二次大戦後、戦争中の蓄積をいっそう発展させた形でスタートし、世界的な規模で行われた芸術史の見直しと、そういうなかでの近代芸術論による啓蒙の時期も終ったことを感じた。こういう大きな努力のなかから育ってきた現代芸術が自らの途を歩きはじめ、啓蒙のことに当った人びとが、しばしば当惑と失望のうちに書斎に戻ってゆく日がそこに来ていたのである。そしてそういうなかで、瀧口さんは解説や批評を書くかわりに、造形的な作品を自らも試み、詩やエッセーなどに言葉の精度を高めながら、いっこうに衰えをみせない好奇心に自らをかりたてる晩年を送った。書斎に帰るどころではなく、たびたび出掛けたアングラ劇場の話など伺っていると、そこにもひとつの瀧口世界があるように思えて興味深かったが、われにかえって、新宿あたりから疲れた身体をいたわり、いたわり帰宅される瀧口さんの姿を想像すると何か痛ましかった。

さて、こういう瀧口さんの晩年のなかで、平凡社は三冊のジョアン・ミロの本を出版した。J・J・スウィーニーの『ミロ――視覚言語としての芸術』とジョアン・ペルーチョの『ミロとカタルーニャ』は、いずれも翻訳は瀧口さんと飯島耕一氏、バルセロナのポリグラファ社との共同出版で、印刷、製本もバルセロナの美しい本であった。とくに後者については、瀧口さんがカタルニヤ語の発音の表記に熱中し、それを何度も現地に問い合わせたことも今はなつかしいが、ここでは、私たちにとって瀧口さんとの最後の仕事になった詩画集『ミロの星とともに』に触れたい。

瀧口さんとミロとの間で考えられてから刊行までに十年を必要としたこの詩画集の経緯については、瀧口さんの思いこめた「あとがき」に詳しいので、ここでは繰りかえさない。瀧口さんと海藤日出男さんの御依頼を受けて、はじめ私家版として計画されたこの本の刊行を私たちがお引きうけしてから三年を要して、ようやく昨年（昭和五十三年）の秋、ミロの生誕八十五年の記念のようにして上梓されたのである。

私家版ではないが、製作の一切は瀧口さん自身の監修の下に進めるという約束に従って、ようやく色校正が揃ったのが昭和五十二年に入ってからであった。ミロを歌った瀧口さんの詩四篇を原弘さんが美しく組みあげた折本の、表紙から本文の余白を通して裏表紙まで、一気に彩画で飾ったミロの画稿本を横においての慎重な作業であった。この校正刷はすぐさまマジョルカ島のミロの画室あてに送られたが、三月になって、瀧口さんあて、ミロからいささか強硬な手紙がきた。受けとった校正刷は気に入らない、宝石のような美しい本ができるのでなければ、もうこの出版はやめた方がいい、しかし、ともかく問題の解決のため六月パリで絵の原稿をみながら編集者と相談したい、という趣旨であった。ともかく瀧口さんと松森務君という美術本造本のベテランを中心にして三種類の紙――国産二種類とフランスの紙――を選びなおして、それぞれを校正刷にし、別冊として入れる解説本（フランス語）と外箱の見本を工夫した。そして六月のはじめ、ようやく整った材料をもって私はモスクヴァ経由パリ行のエール・フランスに乗った。ミロのまさに「宝石のような」作品――画稿本を足下に置いて、窓から下をみていると、丘の稜線にはまだ剃刃のように雪庇が残っていてシベリヤの拡がりの何処にも春の気配はなかった。考えてみればミロももう八十二歳、理窟をいって話が決まるはずもなく、しかも色校正はあくまでも感覚の世界である。それに印刷インクの表現力に満足してくれる画家などいたためしがない……瀧口さんの心配を思いながらこんなことを考えていると、足下に鈍く光る巨大な河の無限にくりかえす蛇行の様が私の心をいっそう重苦しいものにした。

ミロが話すスペイン語、フランス語はこちらが駄目なので、予め応援をお願いした旧知の荻須高徳さんを早速お訪ねして、ミロの手紙をおみせしたら一読して、これは大変だ、と嘆息された。校正刷をみながら委細打合わせの上、翌日、荻須さん御夫妻とまずマーグ画廊に、瀧口さんの旧友で、今度も詩のフランス訳をみて下さった詩人のジャック・デュパンさんを訪ね、一同揃ってジョアン・ミロを古風で美しいオテル・ロティに訪ねた。

想像していたよりずっと小柄な老人が、ちょっと硬い表情で足早に現われたのがミロ氏その人であった。型どおりの挨拶のあと、荻須さんが瀧口さんと私、また御自身と私の父、そして私との関係、また、私の美術に関する仕事のおよそを紹介して下さった。そのなかにはミロの古い友人であるバルセロナのムガさんとの仕事ももちろん入っていた。荻須さんの話が一区切りついたとき、ミロは大きく手を拡げて「そうか、私たちはみんな古い仲間だったんだね」と急に優しいおじいさんになった。そして私が、眼の前のオテル・モンタボールに泊っていることを知ると、「なんだ、私も若いときはいつも泊っていたよ」と破顔一笑して、話は瀧口さんの健康のことになった。自分より若いのにどうしたのだろうと心配そうに身体をのり出したミロ氏は、ソファーに浅く腰を浮かせて、まるで母の膝の上の幼児のようにつま先を床の上で合わせているのであった。

苦心して作った見本の数々、桜材で作った赤い外箱、クリーム色の解説本、そして三種類の紙に刷りわけた詩画集そのものの色校正。鋭い眼になってゆっくり、注意深く見てゆく画家の手が何か表情をあらわすと、印象的な言葉が手短かに唇にのぼる。荻須さんが簡潔に訳して下さった啓示に富んだミロの言葉の数々をここに書く紙数がないのは残念だが、ただ一言でいえば、ミロは印刷に関しては大へんな玄人で、話の結論は、絵は絵であり、印刷は印刷である、刷り上ったとき各色面のアンサンブルが崩れないようにしてくれるなら、あとはすべて任せる、ということであった。さすがは石版画で長年苦労した人だけのことはあると、私はすっかり感動してしまった。日本の桜の箱、日本の紙、日本のインク、日本で出版する本だから材料もすべて日本のものがいいと決って、ミロもデュパンさんも、われわれにも増して嬉しそうであった。そして上機嫌なミロは私のために少しずつ英語を混ぜて古いパリの話をしてくれた。最後にまだサインの入っていなかった画稿本にサインをお願いする。早速ポケットから三色のボールペンを出して、メモ用紙に緑の線を何本か引いたあと、本の扉をあけて宙に線をひくと、その先にしきりに星を散らしているように見える。それから長い間ミロは考えこんで、とうとう二、三日待ってほしいといった。ミロが絵のように美しいサインを残してマジョルカ島へ戻っていったのは、それから三日後であった。その日の夕方、荻須さん御夫妻に中国料理を御馳走になった。荻須さんはすっかりお酒がまわり、これであなたもお国へ帰れますね、と叫んだ。明治の人ならではの言葉に、あらためて人の情けが身に沁みた。

この詩画集五五〇部のうちには、ミロのオリジナル石版画を入れた特装版が五〇部ふくまれている。その制作に今度はミロが一年を必要としたが、出来上った作品は入念な力作であった。その印刷がパリのマーグ画廊からミロに渡されたあと、荻須さんの奥様がマジョルカ島の画室に老画家を訪ね、一枚、一枚にサインを入れて貰って、身体につけてパリまで持ち帰って下さった。いよいよこの作品を手にしたときは瀧口さんも嬉しそうであった。

私はこの仕事を機会にジョアン・ミロその人を知り、詩人のデュパンさんと友人になり、また、瀧口さんとミロの最初の詩画集『手づくり諺』とアントーニ・タピエスとの詩画集『物質のまなざし』を世に送ったポリグラファ社のマニュエル・ド・ムガさんとの旧交を暖めることができたことを好運に思う。ムガさんは出版人であるとともに、カタロニヤ地方における前衛芸術家のパトロンとして代々有名な一族の代表者であるが、こうしてパリとバルセロナそれぞれの土地の芸術サークルのなかで、瀧口さんの仕事を敬愛の念でみている人びとを知ったことを有難く思う。昭和五十年、バルセロナの丘の上に、ミロ財団の美術館が開館されたとき、たまたま訪問する機を得たが、そのときも館の人たちに瀧口さんの近況を尋ねられて嬉しかった。いま、この美術館には、この『ミロの星とともに』の画稿本と特装本が所蔵されて、遠い海と山をへだてて結ばれた二人の友情を永遠に記念している。

Ⅲ　ロシア人のロシア

モスクヴァがそこにあるから

一九八五年に久しぶりでソ連を訪れた。モスクヴァからバルト三国、レニングラードをまわる鉄路三千キロの旅だった。八六年には東西ベルリンから東ドイツ各地、つづいて昨年七月はプラハを起点にチェコスロバキアのボヘミア、モラヴィア地方をまわり、さらに十月から十一月、西ドイツのエッセンに滞在した。エッセンはいま典型的な構造不況にあえぐ炭鉱と製鉄の町だが、そこのエッセン大学の美術史研究室は、写真資料の豊富なことで群を抜く存在だ。研究室の鍵をもらい、研究員として一カ月通った。

バルト三国と東ドイツ、チェコはいずれも社会主義国のなかでずばぬけた先進工業国だ。そこで会った人たちは、それぞれ、ソ連中央政府による統制がなければ、西側諸国と同様の生産をあげ、同様の生活水準に遠からず到達できると断言する。実はむかし試みたソ連国内の個人旅行の不自由さと非能率にこりごりして、今度はいずれの場合も、はじめから美術館調査の目的をかかげ、各国の当局者の協力を得ての旅行だった。したがって、それぞれ責任のある地位にいる人びとに会う機会がしばしばあったが、モスクヴァの統制がなければ、という言葉は、何の話のときでも、マクラに必ず付いてくるのだった。それもことは美術館の展示、特別展の企画から、展覧会カタログと絵葉書の印刷にまで及ぶ。たとえばバルト三国の美術館では、これらをモスクヴァの印刷工場に発注しなければ、カタログも絵葉書も発行の許可がとれないという。リトアニアのある美術館の責任者は、モスクヴァの印刷物の品質の悪さと納期の遅れを口をきわめて、ののしっていた。リトアニアの方が文化の先進地帯であることを強調することも忘れない。

また、これら各国と歴史的にも、地理的にも、ことさら縁の深い西ドイツは、ＩＮＦ（中距離核戦力）全廃後の安全保障の見通しに、ゴルバチョフ政権の将来性をからませて、深刻な不安をもっている。いくら呑気な美術の仕事といっても、ゆく先ゆく先の土地の人びとと、昼食も夕食もいっしょにしていれば、政治と経済の問題ぬきではつとまらない。というよりいま、食卓の話題はそのほかにはないという感じなのだ。

モスクヴァに入った六月一日は、ペレストロイカの大目標のひとつであるアル中絶滅運動の第一歩として、きびしい節酒令が施行されたまさにその日だった。すぐバルト三国にゆき、二週間後にレニングラードに着いた。エルミタージュ美術館の壮大なコレクションに疲れると、館の裏側からモイカ運河に沿って、ミハイロフスキー庭園の森まで歩くのが楽しみになったが、庭園の運河沿いにあるギリシア風東屋《あづまや》のあたりは昔とその雰囲気が一変していた。かつてその日だまりにはチェスを楽しむ人たちが日中からたくさんいて、そのまわりを、酒瓶を抱いて眼をすえている薄汚い男たちが囲んでいた。しかし、いまは、二組の老人がチェスをしているだけで、ほかに人影はない。しかし真性のアル中患者だけでも一千五百万人いるといわれている国だ。彼らはどこに隠れているのだろうか。そういうレニングラードで会ったある役所の部長が、酒を飲むなといったって、それでロシアの冬が越せるものか、来年の春になって雪が融け、霧がはれたあと、そこに生き残っているのはゴルバチョフか、酒呑みか、それこそ神のみぞ知る、といった。地位の高い人だから、外国人に向っても平気でこんな冗談がいえるのだと思った。ともあれ、レニングラードの下町はいまでもドストエフスキーの臭いがする。その最晩年の家があるモスクヴァ駅周辺の人ごみのつづく街路。若いラスコーリニコフの華奢な顔に深い嫌悪の色がさっとひらめいたというその雑踏。暖房用の重油のにおいと、すえた酒のにおいが湿った戸口に漂う秋のレニングラードを思い出すと、部長の冗談ももっともなのだった。

三週間目にモスクヴァに戻って、同じホテルに泊った。夕方、前にはみなかった長い行列が近所の食料品店にできているので、のぞいてみると酒の販売だった。冬になれば、ウォツカが値上げされ、しかもアルコールの度が薄くなる、という噂が流れていることを、酒屋の三軒ほど先の古本屋のおかみさんが教えてくれた。そこではちょっと高価な画集を買ったのだが、それにしても、この国で客に優しい口をきいてくれる店といったら古本屋だけだ。この行列も何年続くのか、まったく嫌になる、とおかみさんは、ゆっくりした英語でつけ加えた。

東ドイツへ入国したときは、たまたまチェルノブイリ原子力発電所の事故から二週間のあとだった。東ベルリンからドレスデンに向って二百キロ南下する国道を走る間、森林が切れるたびに現われる広大な牧場を、それぞれ何百という牛や羊の群が、小雨の降るなかをゆっくり移動している。放射能の雨だ、と首をすくめる同乗のドイツ人たちの眼は、もう青いというより薄緑になっていて、言葉も途切れ勝ちだった。車の往来はほとんどない。その一人が、はじめはそんな重大な事故だと思わなかった、また、その重大さに気付いたときは近寄れず、写真も撮れなかったし、調査もできなかった、だから発表が遅れたというソ連の言訳をくりかえすと、もう一人が、西側がソ連の事故を誇張し、反共宣伝に利用するのを防がなければならない、と型どおりにつづける。しかし、すぐ彼らは声の調子を落して、われわれドイツ人の助力なしには、ロシア人などは何もできやしないのだ、と断言した。そのとき、これら二人の顔は優越感と屈辱に屈折して、ほとんど歪んでいた。実は出発前に、東ベルリンで旅行の打合わせをしたときのことが忘れられない。そのとき出席した東ドイツ側の代表の人たちは、その朝みたというモスクヴァのテレビ・ニュースですっかり興奮していた。その話によれば、半分崩壊したチェルノブイリ発電所を背景に子供たちが元気で遊びまわっている写真を流し、何の危険もないことを強調していたという。彼らがモスクヴァの政府を罵倒した言葉は、いかにもすさまじいものだった。

このとき私が泊っていた東ベルリンのホテルは、スウェーデン風の瀟洒な建物で、一階に大きな外貨ショップがついていた。そこでは一見それとわかるソ連の人たちが衣料品や時計などを買い漁っていた。また、マリーエン・キルへの前の大きなデパートにいってみると、さすがは東ドイツ、ソ連邦内諸都市のデパートとは比較にならない優秀な商品が揃っている。もちろん西側のそれに較べれば、質素で実用的なものだが、ソ連やポーランドからきた人びとには、やはりここは買物天国だろう。あちこちでロシア人たちが夢中で品選びをしている。外貨ショップにせよ、デパートにせよ、東ベルリンに来ているのはソ連でも特に恵まれたエリートたちであることは知れ渡っているが、彼らに対するドイツの売り子たちの冷やかなこと、みていて気の毒なくらいだ。ことさら無関心をよそおって返事もしない売子たちの前で、小肥りで赤ら顔のロシアの女たちは、無言で視線を落したまま、いまは買い物にひたすら神経を集中している。そういうときのロシア人は、たとえ彼らがエリートとはいえ、なんだか昔ながらのロシアの百姓（ムジーク）にみえる。私たちが若いときロシア小説で親しんだ、善良かと思えばこすっからいムジーク、苛酷な冬に耐え、気まぐれな地主に翻弄されながら巧みに生き抜いてきたムジークたちなのだ。彼らは、チェルノブイリの連中がやったとんでもないへまから、嫌な目に合わされていることはよく承知しているのさ、とドイツ人のひとりが平気でいった。そういわれてみると、買物を急いでいるソ連の人たちは、これ以上天気が悪くならないうちに畠仕事をすませたがっているような、やはりムジークにみえてしまう。少年時代、ロシア小説ばかり読んでいたときがあった故か、ドイツ人の冷笑の眼差しにこづかれているロシア人に、ある種の親近感を感じてしまうのには、われながら閉口した。というのも、ソ連国内を個人で旅行をするときの私たちをホテルのフロントやレストランで、あるいは空港の切符売場や列車の検札で、とことん痛めつけるのも、こういう丸い顔といかつい身体の女役人なのだから。

昨年、プラハからチェコ国内をまわったときは、その一カ月前、「赤の広場」に着陸した西ドイツ青年の話でもちきりだった。西ドイツあるいはオーストリアとの国境に近い町に住む人びとは、着陸の有様を伝えた西側のテレビ・ニュースをビデオに入れて、プラハなど西側の電波の届かない土地の人たちに売って、おおいに小遣いを稼いだ。そのビデオを買った家には近所隣りが集まって、着陸の瞬間をくりかえし映しては乾盃をくりかえしたという。よほど胸のすくことだったに違いない。それにソ連の町ではビデオの機械など絶対に買えないことを、彼らはまたよく知っているのだ。

その後十月からしばらくエッセンに滞在したときには、七月にバルト三国のひとつ、ラトヴィアの首都リガで、民族の独立を要求するデモが起こったときいた。リガは十二世紀以来、ドイツ商人とドイツ騎士修道会が経営してきたハンザ同盟都市であり、ドイツ騎士団の力が、バルト海へ進出しようとする帝政ロシアの勢力を押えてきた歴史から、第二次大戦における対ソ戦にいたるまでの経過があって、リガに対するドイツ人の関心はとくに高い。東側の同胞と分断され、否応なしに西側の最前線に立たされ、米軍の巨大な基地にもなっている西ドイツの人びとが、グダニスク（ダンツィヒ）やカリーニングラード（ケーニヒスベルク）など、いまはポーランドやソ連の領土になっているオーデル・ナイセ以東の旧ドイツ領を思う複雑な心情を考えれば、リガのデモに対して、彼らが大きな関心と同情をもったのもわかるような気がする。ドイツのもっとも有名な百科事典である「ブロックハウス」の社主のお宅を何度かお訪ねしたことがある。フランクフルトに近いヴィスバーデンの静かな森のなかにある。その書斎でいつも印象に残るのは、壁に掛けられた東西ドイツの大きな地図だ。いまは東ドイツにあるライプツィヒ、ワイマール、ドレスデンなどや、ソ連領のなかにいれられてしまった旧プロシア王国の首都ケーニヒスベルクなどに銀色の針を立てている。といっても、社主はとても温厚でしかも知的な人で、大ドイツ帝国の再来を夢みるナショナリスト、というような人では絶対ない。ただ、彼にすれば、この地図なしにはカントやゲーテ、ワーグナーなど、いわば近代ドイツの精神史が組み立てられないのだという。そういう彼もまたソ連に併合されたあとのバルト三国、とくにその一つの首都リガの運命にかねて心を痛めている。

エッセンにいてそのリガのデモについて知ったとき、最初に眼に浮んだのは、そのまちの中央の広場に立つ、いかにも巨大なレーニン像だった。

ドイツ風の尖塔に風見鶏をつけたゴシックの教会、うす緑の円蓋を木立ちの上にのぞかせているバロックの教会、黄色い壁とオランダ風な破風をもった商館などがつづき、刈りこまれた菩提樹の並木のある石畳道を、教会の鐘の音がどこまでも渡ってゆく。このハンザ同盟都市はまた、ワーグナーとクララ・シューマンを手厚く迎えた音楽の都でもある。旧市街の中心にあるドムス大聖堂のオルガンは六千七百六十八本のパイプをもっているそうだが、その輝かしい音色をたんのうさせるパーセル、そのことさら荘重な低音に驚かされたバッハの演奏のすばらしさと聴衆の熱心さを忘れることはできない。

しかし、いま市街図——といっても、例によって方位も縮尺もついていない不完全なものしか手に入らないが——を開くと、レーニン、キーロフ、エンゲルス、ゴーリキーなど、このまちの歴史とは何の関係もない名前が、そこらじゅうの通りについている。そのキーロフ通りとレーニン通りの交差点に巨大なレーニン像が立っている。それを仰ぎながら、レーニン通りを端まで歩くと、ようやくいまいった旧市街に入るわけだ。この通りは帝政ロシア時代はアレクサンドル通り、第一次大戦後の独立時代は自由通り、一九四〇年、ふたたびソ連に併合されてからはスターリン通りとよばれていたという。東京でいえば、日比谷交差点のあたりにレーニン像が立っている見当になるが、自国の指導者や英雄、思想家などの名前をまるで魔除け札のように他国のまちにべたべたと貼りつけるソ連は、なんだか呪術のにおいのする古代の専制国家のようにみえる。巨大なレーニン像を仰ぎながら、左右二人のガイド——一人はモスクヴァから派遣され、もう一人はそれぞれ現地から派遣されている——に思わずいってみた。彫刻家になるのも大変ですね、この国ではレーニンを立派に刻めないようでは一人前とはいえないのでしょう、それにしても、このサラリーマン風の人を英雄にするのは大変ですね、どんなポーズがいいか、みんな困っているのでしょうね、と。実はこの時、ソ連全国に散らばり、さらにその衛星国にもしばしば進出しているレーニン像が何百、何千と大きな広場に集って、お互い苦笑している様子が頭に浮んでいたのだ。賢明な二人のガイドの脚が急に早くなり、厄介な日本人の馬鹿な質問は空しく風に流れて、彼女たちは何もきかなかったことになった。このあと、この通りの左右に拡がる美しい緑地を何回となく散歩したが、リラの香るベンチの背後や、鳥の集まる大木の下の散歩道には党の幹部や軍人の彫像がつぎつぎと並んで、まるで死者の花園のようにみえるのだ。ダウガヴァ河によって、内陸とバルト海を結んでいるこのまちを死守するソ連の姿勢の現われなのだろうか。

リガのあと、さらに北上して、エストニアの首都タリンを訪ねたが、いまなお、十四、五世紀のハンザ同盟都市の面影を残している旧市街ではもちろん、新市街でも、レーニンをはじめとするいつもの偉大なる同志の彫像がなかなかみつからない。その理由をタリンの現地ガイドにきくと、どうせこの国には偉い人はいませんから、と肩をすくめて笑った。すると横にいたモスクヴァ派遣のガイドが「いいえ、それは間違いです。すべての共和国には、それぞれ偉大な同志がいます」と叫んだ。

これは彫刻の話ではないが、ラトヴィアの有名な海岸保養地ユルマラで、芸術家のための豪壮な別荘をたくさんみた。モスクヴァのガイドはそのひとつを指さして、ソ連邦では芸術家が非常に優遇されていて、一般の人には想像もつかない大きな家に住み、立派な年金もついているし、そもそも失業というものがない、しかし、人民はそれを当然だと思っている、というのは、芸術家たちは金のために働いているのではなく、人民のために働いているのだから……と説明した。ちょうど電車の車掌が、次の駅名と乗りかえの案内をする決まり文句のアナウンスに、彼なりの工夫と抑揚をつけるように、彼女は用心深く、私の反応をみながら、ゆっくりと、ほとんど他人の声を借りたような調子でしゃべった。その調子は、彼女自身がその決まり文句に納得していないことを雄弁に語っていた。さらに彼女は、そのようなアカデミー公認の芸術家の特権にはげしい嫉妬を感じているようだった。ラトヴィアの現地のガイドは、そういう仲間の気持には気付かぬふりで、別荘なぞすべてはロシア人の問題で、彼女らラトヴィア人とは関係がない、ここではロシア人が増え、ラトヴィア人が減らされるだけなのだ、といった。さっと耳許をかすめるような早口の英語だった。リガはソ連唯一の美しいファッション雑誌も発行されていて、ロシア人のあこがれの地だ。アドリア海と結婚したヴェネツィアのように、リガはバルト海の美しい花嫁だ。それ故に、帝政ロシアの時代からリガの苦難は絶えない。旅の間、五時になってガイドたちの勤務時間が終わったあと、ひとりになって、白夜のまちを十時すぎまで歩くのを日課にしていた。さすがにソ連は多民族国家、私などは東方のどこかの共和国の人間と思われ、ロシア語かドイツ語のいずれも片言で話しかけてくる。そういうとき、同じソ連に住んでいても、「私たちはロシア人ではない」というのが合言葉なのだった。

リガの広場のレーニン像は、もともとモニュメンタルな性格をもつ彫刻が、いつの時代にも征服者の権威を表現する手段に利用されるほんの一例にすぎない。しかし、それら巨大なレーニン像が「つねにどこでも人民とともにいる」バルト三国の各地でも、その美術館――いうまでもなくすべて国立――に入ると、館内の展示でも、構内の野外展示でも、抽象彫刻が重視され、また、抽象主義的な表面処理された肖像彫刻が多い。絵画も幻想的なテーマと色彩、あるいは北欧風な抒情を特徴とする作品ばかりだ。工芸でもフィンランドやスウェーデン風のガラス器、アール・ヌーヴォーの皮革装釘の詩集などが主流で、いま、ソ連好みの社会主義リアリズムはほとんど排除されている。このことはチェコスロバキアにいくと、もっとはっきりしてくる。第一次大戦後の独立時代のプラハは、まるで革命直前のレニングラードのようにフランス近代美術を積極的に吸収していた。だからその現代絵画は西欧二十世紀のモダニズムがその体質になっている。そこに、ロマン主義的な国民楽派といわれるスメタナやドヴォルジャークの音楽と共通する民族主義的なロマンティシズムと、東方風なエキゾティシズムが加わる。どこを訪ねても、社会主義リアリズムとして政府に喜ばれそうな作品は展示されていない。そういう点では社会主義国の優等生といわれる東ドイツには社会主義的建設のテーマの作品があるが、表現主義的な画面が多く、ここでも古典的な社会主義リアリズムの手法はもう過去のものになっている。

そもそもバルト三国や東ドイツ、チェコスロバキアはいま西側との貿易と技術交流によって科学技術の改善を進め、生活水準をあげたいと念願している。いいかえれば各国の現政権はそれだけ民衆の不満をかかえているわけで、モスクヴァ政府のペレストロイカには例外なしに慎重だ。数々の苦い経験からくる根強い不信感がある。改革路線に追随して、万一、民衆の不満を収拾できなくなれば、ソ連戦車隊が国境を越えて殺到することをよく知っているのだ。

西ドイツにいても、ＩＮＦ全廃の一件もあり、ワルシャワ条約機構軍の兵力がよく話題になる。何しろトラックでも倒せるような鉄条網が牧場を横切っているのが東西国境というお国柄だ。ここでもゴルバチョフのペレストロイカは、あくまで一党独裁という絶対的、超越的な権力の頂点に立っている人による「改革」である以上、目指すところは、みずからの体制の強化にほかならず、西欧の民主主義とははっきり異種のものとして意識している。

私も長い間にはソ連に何人かの友だちをもっている。モスクヴァ・バロックのファンタス

郵便はがき

料金受取人払

牛込局承認

7198

差出有効期間
平成29年6月
21日まで

162-8790

東京都新宿区
早稲田鶴巻町五二三番地

（受取人）

株式会社 藤原書店 行

ご購入ありがとうございました。このカードは小社の今後の刊行計画および新刊等のご案内の資料といたします。ご記入のうえ、ご投函ください。

お名前	年齢
ご住所 〒 TEL　E-mail	
ご職業（または学校・学年、できるだけくわしくお書き下さい）	
所属グループ・団体名　連絡先	
本書をお買い求めの書店 市区郡町　書店	■新刊案内のご希望 □ある □ない ■図書目録のご希望 □ある □ない ■小社主催の催し物案内のご希望 □ある □ない

書名

読者カード

●本書のご感想および今後の出版へのご意見・ご希望など、お書きください。
（小社PR誌『機』に「読者の声」として掲載させて戴く場合もございます。）

■本書をお求めの動機。広告・書評には新聞・雑誌名もお書き添えください。
□店頭でみて　□広告　□書評・紹介記事　□その他
□小社の案内で　（　　　）　（　　　）　（　　　）

■ご購読の新聞・雑誌名

■小社の出版案内を送って欲しい友人・知人のお名前・ご住所

お名前

ご住所 〒

□購入申込書（小社刊行物のご注文にご利用ください。その際書店名を必ずご記入ください。）

書名　　冊	書名　　冊
書名　　冊	書名　　冊

ご指定書店名

住所

都道府県　　市区郡町

ティックな教会建築を熱愛するモスクヴァっ子、安部公房と松本清張をロシア語版で愛読しているレニングラードの青年、カンディンスキーに熱中しているユダヤ系の画家。彼らの感性は柔軟でタフだ。せんさいで傷つき易いだけに寡黙だ。いつも質素な服装で、まるで工場の裏口からでてきたみたいな風情の彼ら。生れ落ちたときから教条的な教育の網をかぶされながら、自分を守り通したしたたかな野猫のような彼ら。行くさきざきで、ソ連の体制批判の声をきかない日はほとんどない。しかし、そういう旅のつづくなかで思い出すのは、これらロシアの友だちだ。

いま読むジッド『ソヴェト旅行記』

去年（一九八九年）の春と秋に四年ぶりにソ連を訪れた。はじめ四月にレニングラードにいったとき、インツーリスト（国営旅行社）のガイドに問われるままに、レニングラードにはじめて滞在したのは一九六五年だったと答えると、まだ少年のような頬をした彼女は、それは自分が生まれた年だという。とんだ笑い話になってしまったが、それから四分の一世紀も経っているのに旅行者の眼に入るまちの暮しはあまりかわり映えがしない。ここ四年間に、社会主義諸国のうちソ連邦のロシア共和国、バルト三国とグルジア共和国の各地、また東ドイツ、チェコスロバキアの各地を訪れ、教会、宮殿と美術館の展示をみて歩いた。呑気といえば呑気な旅だが、ソ連におけるゴルバチョフの登場に象徴される激動の時代だけに、行くさきざきの土地の人たちと、いま政治と経済の話ぬきでは食事の席もつとまらない。日常の市民生活や収入と物価の実情も否応なしにわかってくる。とくにソ連邦内で経済の改善は一進一退をくりかえし、今年はなかでもロシア共和国の窮乏が眼につく。二度目のソ連訪問を終えて九月末帰国すると、まるで追い掛けるように、ハンガリーの共産党が解体され、東西ベルリンの壁が取り壊され、そしてついにソ連邦自身が、その憲法第六条を廃棄して、共産党の一党独裁に終止符をうった。そういうなかでいま思い出すのは、帰国する日にモスクヴァのアメリカ大使館の前を通ったとき、その門前に百人ほどの人びとが黒いかたまりになって立ちつくしている有様だ。ガイドによれば亡命の万一の機会をねらって、ヴィザを申請する人たちだという。昨日までは秘密警察の眼を意識して、外国大使館には近寄ることも怖れていた市民が、いまは公然と星条旗の下に集まっている。その時は、なにか胸さわぎがして、人びとの無事を願わないわけにはいかなかった。

私は兵士として戦場に送られる以外にこの日本を出る機会のなかった戦時下から、戦後のもっとも貧しい時期に学生時代を送ったから、海外の登山、探険の記録と旅行記は見つけたものはなんでも買いこんで、いつ実現するかわからない海外旅行の夢を追っていた。そのなかで、アンドレ・ジッドの『コンゴ紀行』(河盛好蔵訳、一九二七)と『続コンゴ紀行』(杉健夫訳、一九二八)は、ことさら想像力をかきたてられたもののひとつだった。さまざまな色彩をもった熱帯の植物と昆虫、動物の生態を、朝の光、夕べの光につれて無限に変化する空の下で観察するコンゴ河の旅。記述はどこまでも視覚に忠実で、いつどこを拾い読みしても、まだ見たことのないコンゴ河がごく身近な風景として登場してくる。私にはジッドは画家の絵筆をもっているとさえ思われる。さらにその眼は河辺の部落に住む男女、子どもたちの不潔と貧窮そして病気を直視し、そこを支配している白人の偽善と不正を告発し、ついに本国政府による調査という社会的な事件に至っている。そういうジッドの旅行記だからと思って『ソヴェト旅行記』(小松清訳、一九三六)と『ソヴェト紀行修正』(堀口大学訳、一九三七)も買った。しかしそのときは、ジッドがソ連の政治に抱いた不安や絶望にはあまり興味がなく、むしろ『コンゴ紀行』のもつ視覚的な魅力がないままに忘れてしまった。

その『ソヴェト旅行記』を本気になって読んだのは、一九六五年にハバロフスクを経てモスクヴァ、レニングラードに滞在、その後ヘルシンキへ抜ける旅を試みた後だった。インツーリストのずさんな仕事と現場の下級官僚にさんざん痛めつけられた旅だったので、ソ連社会の欠陥の根源を突いたジッドの旅行記を今度は目が覚めるように面白く読んだ。その頃、林達夫先生によばれてソ連の旅の経験をお話ししたことがあった。そのとき、一九五一年に頂いた著書『共産主義的人間』を思い出して、先生が『共産主義的人間』を発表したとき左翼の憎しみの的になったあたりは『ソヴェト旅行記』を発表したときのジッドとそっくりだったのではなかったかと思うと申しあげると、林先生はそれこそ知恵の深い顔になって、うふふと低く笑った。そして、君は『コンゴ紀行』を読んだかね、とたずねられた。話はたちまちコンゴ河になり、林達夫流のジッド・コンゴ博物誌が語り口も鮮やかに展開された。話が『ソヴェト旅行記』に戻って、ジッドが一九三六年に告発したコンフォルミズム（画一主義）によるデペルソナリザシオン（非個性化）がいまなおソ連の現実であり、その徹底ぶりは、自分が受けた日本の大急ぎの、つぎはぎの軍国主義教育の比ではないというと、いよいよ君もファクト・ファインディング（実情調査）をはじめたね、と笑顔になった。ファクト・ファインディングとは林先生が『共産主義的人間』のなかで書いている言葉で、左右を問わず、政治的スローガンや公式声明や公文書、宣伝にだまされて政治の実態を見誤ることのないよう「みずからやってのけなければならない難事業」だ。ジッドの旅行記はまさにファクト・ファインディングそのものにほかならなかった。

ジッドがソ連を訪れたのは一九三六年六月、死の床にあったゴリキーを見舞うためだった。原住民の悲惨な生活を目撃したコンゴ河の旅行から十一年目、ジッド六十七歳のときだった。ゴリキーはジッドがモスクヴァに着いた翌日亡くなってしまい、生前に会う機会はついに失われてしまったが、「赤の広場」におけるゴリキー告別式に臨んで演説したジッドは、新しい理想の下に誕生したソ連邦に「真に人間的なものよりなる文化が開花する」ことを信じていることを表明する。しかしその『ソヴェト旅行記』は、約一カ月にわたる旅行で得られたファクト・ファインディングの結果を告白し、プロレタリアの独裁下で反対派を除去することから生まれるコンフォルミズムと精神の荒廃を告発する書となった。その序文にジッドは「私にとっては私自身よりも、ソヴェトよりもずっと重大なものがある。それはヒューマニティであり、その運命であり、その文化である」と書き加えている。この本は出版されると同時にベストセラーになって版を重ねたが、同時にフランスの左翼とソ連邦の憎悪にみちた攻撃の的となった。その反論としてさらに詳細な「ファクト」を報告したのが『ソヴェト紀行修正』で、前者の補遺といえる。このなかでジッドは『ソヴェト旅行記』で受けた批評は、かつて『コンゴ紀行』と『続コンゴ紀行』がまきおこしたものと同じだ、といっている。真のリベラリストが絶えず受けなければならない左右両翼からの攻撃にほかならない。社会主義諸国への旅行が重なるなかで、いま私はジッドの『ソヴェト旅行記』を、大昔に発行されたが、いまでも使える基本文型集のように座右に置いている。「思想の自由なるものがいかに有難く貴いものであるかを知るためには、ひとびとはいちどソヴェトを旅行するに越したことはあるまい」というのはこの本に出てくるジッドの苦渋にみちた言葉だ。

　さて、このような「思想の自由」がないこと、あるいは生産計画を達成するためにはおびただしい不良品が作られる事実、また、ジッドが書いている「パリにも地下鉄があると私がいうと、みんな疑りぶかそうな微笑をうかべる」民衆――いま少なくとも大都会ではこのようなことはないが、一九六五年のモスクヴァで、外国人を入れないホテル・ユーズナヤの食堂にいて、そこの宿泊客と食事をしていると、地下鉄が東京にあるかないか、何度もきかれた。そのころパリ、ロンドン、ニューヨークにあることは知られていたが、東京にもあるという私の答えは、地方からきた人びとにはほとんど信じてもらえなかった――にいたるまで、ジッドはおびただしい見聞を書きとめた。もちろんそれをリストにしていまのソ連の現状と照合することはほとんど不可能だ。広大な国土に百以上の民族が住んでいるなかで、外国人の立入りを許されている都市の数は約百五十にすぎない。教育と生活のレベルには信じられないほどの差がある。私たちもジッドと同様、あたえられた小さな外国人指定席をほんの少しでも逸脱する努力を重ねるほかファクト・ファインディングの道がない以上、検証に必要な一定数のデータを揃えることはできない。しかも、いまでも、私たちのために働いてくれ、胸襟を開いて語ってくれた人びとの名前や職業を明記できない不自由をジッドとともに耐えなければならないのだ。この社会に生き残れるものは「もっとも卑屈な者」、「もっとも心の賤しいもの」であって「額を高く挙げる者は順次に殺されたり、流刑になったりする」というジッドのスターリン体制下のソ連に対する怒りを、過去のものと片付けることはまだできない。去年の春、ゴルバチョフの将来をたずねると、人びとの答えは前とうって変って慎重だった。秋には同じ質問にしばしば重い沈黙がかえってきた。「この国の保守的な勢力がどんなに根強く、怖ろしいものか、外国人に理解できるとはとても思えない」と答えた美術館員がいた。フランス語と英語を話すその親切な中年の婦人に私はジッドの旅行記について話し、一九三六年にすでにジッドはソ連における新しい特権階級の存在を報告し「彼らは貧困から抜け出したと思うと、早速もう貧民を軽蔑する」、「あの革命を成就したのは果してこの連中だろうか？　否、これは革命を利用している連中だ」と書いていることを話した。そのとき私は一人で、政府ガイドが横にいたわけではなかったが、私が美術の話から離れ、政治に触れたことは明らかに彼女を混乱させ、不安に陥れたようだった。ジッドという作家の名を知っていると彼女はいったのに、いまはもう早く話をきりあげる機会を待つだけの人になってしまった。

　昨年の九月にはモスクヴァからウラディーミル、スーズダリを経て、さらにボルガ河畔のコストロマ、ヤロスラヴリに出てザゴルスクをまわる八〇〇キロを走って、ロシア正教の教会を訪ねた。まさに黄金の秋で、一陣の野分の風に、モミ、白樺、ポプラの黄葉が散って、広い帯のように草原をわたってゆく。川岸や丘の上にはロシア教会の白い壁と金色のドームの清楚な姿がつぎつぎと現われる。いかにもロシア人の心の故郷とよぶにふさわしい。なかでもボルガ河畔のコストロマは木造住宅の集まったロシアの田舎町の典型で、そこの中央市場の野菜、西瓜、きのこなどを見てあるくと、人も農産物もいかにも森のなかと野の果てから集ったばかりといった風情で、一帯に土の匂いが漂っている。売り手の服装の貧しいことはどこも同じで、獣脂と垢で皮膚も汚れていて、入浴の習慣があるとも思われない女たちも多い。私たち外国人をみるとすぐ誰かが警官や何かの委員をよびにゆく。かと思うと、こんな田舎町なのにヤミのドル買いがすりよってきて、一ドルに十ルーブリ出すという。昨年の公定レートの十五倍以上だ。人びとはみな貧しげで表情も暗い。ソ連経済の破綻はかくしようもなく、こちらまで不安になってしまう。ジッドはロシアの民芸を代表する美しい草木染が姿を消し、粗悪な布しかないことを嘆き、民衆の趣味を無視した集団農場における住宅と生活の完全な非個性化に嫌悪の念をかくさない。しかし、こうしてロシアの田舎を旅して、黒か茶色の服を部厚く重ね着して、同じような色の頭巾をかぶった女たちが、いちように重い荷物を肩から振りわけにして下げているのに見慣れると、何百年にわたる忍従の歴史が途切れずに続いていると思うほかなくなる。

ジッドはモスクヴァとレニングラードに約三週間滞在したあと、モスクヴァから鉄道で南下し、グルジア共和国の首都チフリス（いまのトビリシ）に着き、そこに二週間、落ちついた。ここまできて「以前ほどの束縛もなく、欺されることもようやく少なくなったので、ぼくらは直接に民衆との交渉に入ることができた。真にぼくらの目が開いてきたのは、実にチフリス以後だった」とジッドは喜びをこめて書いている。私はモスクヴァの北をボルガ河まで往復したあと、ジェット機で二時間半、夜のコーカサス山脈を越えてトビリシに着いた。一夜が明けてみると、ここはテラスのある家のつくりといい、人びとの明るい服装と表情といい、まるで地中海の風が吹いているようだ。ジッドのいうとおり、ここでは直接人びととまじり合っていて何の不自然さも感じない。カメラを向けても、もう誰も警官をよびにいったりはしない。それどころか、にっこり笑ってポーズをとってくれる。正確な英語で話しかけてきた生化学専攻の学生、フランス語で話しかけてきた画家、イタリア語でせまってきたヤミドル買い、コーヒーをおごってくれた喫茶店の女主人。朝のテラスでは眠そうな女たちが髪をすき、町なかの写真屋にはヴァレンチノみたいな大時代の美男子の肖像写真が貼り出されていて、まるで南イタリアかスペインの町にまよいこんだような気がする。ジッドも一日がたつごとにこの町が気に入ってしまう。

当時、ここグルジアでは、どこであれ人が住むかぎりスターリンの肖像画が、壁に「おそらくかつてはイコン（聖像）が安置されていたところ」にかかっているのをみた、とジッドは書いている。しかしここは、すでに一九七八年、大デモンストレーションの結果グルジア語を公用語として取り戻した民族の誇り高き古都だ。ついにスターリンは姿を消したが、まだ巨大なレーニン像が、いかにも招かれざる客といった恰好で広場の中央に立っている。町を案内してくれたガイドがちょっと目配せして、例のあの人、と囁く。四年前にはまだ「偉大なレーニン」とよんでいたのだ。そんな彼女に気を許して「第二のイエス・キリストですね」といったら「そう、しかしグルジア人のためではない」ときっぱりいった。

ジッドはこの地の現代絵画にふれ、すべてがスターリンの生涯の物語のイラストレーションになっている有様に絶望している。しかしいまのトビリシ市立美術館にはスターリンの肖像はもちろんだが、レーニンの肖像画や彫像もない。いわゆる社会主義リアリズムによる兵士と労働者の絵もない。展示は中世から九、十世紀のグルジアのルネサンス、さらに十五世紀にいたるグルジア盛期ルネサンスの宗教美術に重点を置き、近代ではこの地におけるキュービズム、シュールリアリズムなどの前衛的な芸術運動を紹介し、また広く愛されている素朴画家ニコ・ピロスマニの作品に二部屋をとっている。もう『ソヴェト旅行記』の筆者にこれをみせることはできないが、ソ連のなかの美術館とは思えない独自の運営をしている。ただしこの美術館はカタログも絵葉書も「売りきれ」、売店には紙の一片もない。はっきりした理由はとうとう聞き出せなかったが、バルト三国の美術館のケースに準じて考えると、展示の仕方が中央の規準に合わないため、モスクヴァから印刷の許可が来ないのか、あるいは用紙がないのかどちらかだと思う。

若きガイドたち——一九八九年のソ連　1

昨年（一九八九年）の五月と九月にソ連を訪れた。九月末にソ連から帰った翌日、パリの古い友人ジュリアンから電話がかかってきた。いま東京にいて、私の帰国を待っていたという。夕食をともにしながら、いまのソ連、とくにロシア連邦共和国では、四年前の旅行のときに較べて、日用品の不足やヤミドル買いがむしろ目立つことを話した。ありていにいえば、アメリカの一ドル紙幣一枚出せばたいていの用は足りる、その有様に敗戦後の日本のヤミ市を思い出すといったとき、彼の顔に心からの同情の色が浮んだ。彼はアメリカ生れ、マッカーシー旋風の吹き荒れたアメリカの出版界をあとにしてパリに定住、いまはフランス国籍をもっているが、終戦から三年間、青年将校として東京のマッカーサー司令部に勤務していた。もちろんそういうことは嫌だが、現地の通貨を渡しても、相手にすれば期待外れで、いまや落胆の色をかくそうともしないから、と言い訳をすると、彼は深くうなずいている。否応なしに眼に入る人びとの表情や暮しに、辛い思いをすることが多かっただけに、そうそうジュリアンに会えてよかったと思った。

五月に較べて九月には、レニングラードはもちろん首都のモスクヴァでも日用品の不足にいっそう気付くことが多かった。安全かみそりの刃も、ホチキスの針もないといわれた。四年前、爪切りをリガとタリンで探しまわってとうとう入手できなかった。かねてロシア人が羨望の眼でみている先進工業地帯バルト三国の首都の話だ。ペレストロイカが始まったので、こんなこともすぐ笑い話になると、タリンでガイドをしてくれた詩人がいった言葉を思い出すと、ゴルバチョフに対する一般の人びとの近ごろの不満も当然のことに思われる。しかし、それでもソ連は大きく変わっている。

レニングラードに着いたとき、土地のインツーリスト（国営旅行社）のガイド、ターニャに、レニングラードにはじめて来たのはいつか、ときかれて、一九六五年というと、彼女はそれは自分の生れた年だと笑った。まるで少年のような顔をしたターニャは、そっと彼女がささやいた「外国製」の革のジャンパーにジーパン、その晴れ姿にあらためて時の流れの早さを感じた。ホテルに帰り、なにやらややこしい手続きを終えると、さっそうと国産のペプシコーラを飲む。

私は父親みたいな顔になって昔ながらのクワスを飲む。

ゴーゴリの短篇小説『ネフスキー大通り』で「都の花」とうたわれたその街を歩くと、オストロフスキー公園には、幻想的な花の絵や明るい風景画、少女好みの版画、似顔絵などの屋台がならんでいる。客を待つ画家や若い男女も所在なげで、こんな風景は西側各国の盛り場と変わらない。古い大きな本屋「ドーム・クニーギ」によって二階の美術書の売り場——ここ半年で画集など美術書が目立って少なくなった——にゆき、隣りの共産党関係の書籍の売り場をのぞくと客が一人もいない。ここは本だけでなく、指導者のポートレートやロシア人の大好きな記念バッジなどもあって、本といっしょに十字架やキリストの画像などを売っている東京のカトリックの本屋さんを思い出してしまう。ちょうどメーデーの直後なので、その行進でたくさんみた「ペレストロイカ・民主主義・グラスノスチ」と印刷されたポスターなどが、小学生のノートも入手難という紙不足のなかで山積みされている。マルクス、エンゲルスとレーニンのポートレートの額縁が折り重なっていて、謹厳な彼らの顔がいっそう不機嫌にみえる。なかでいちばん小さいポートレートはゴルバチョフで、それも片すみに押しこまれていて、ペレストロイカの旗手としてはさぞ迷惑なことと思わず同情してしまった。いつも賑やかなこの店で、ここばかりはさびれた博物館のようだ。欧米各国を走りまわる愛すべきゴルビーも、母国では偉大なる先輩たちの日陰で埃をかぶった小さな偶像にされてしまう。

ゴルバチョフといえば、バスの運転台にゴルバチョフとサッチャーがにこやかに握手しているカラー写真が貼ってあった。運転手さんの私物らしい。ネフスキー大通りにも、こうして新しい風が吹いているのだが、その片側の店を一軒一軒のぞいて歩くと、薄暗く、品物は乏しく、大きな袋を提げた人びとの表情も冴えない。ネクタイは一本三—五ルーブル。記念に買うつもりで選んでみたが、あまり粗末で、結局買わなかった。商店街の角で、貧しげな若者が自転車から箱を下ろしてふたを開けた。さっと五、六人がよってきたと思うと行列を作る。のぞくと乾したアンズだった。行列のおばさんが早くならべと、しきりに私に合図している。こういうネフスキー大通りはターニャの生れた年といっこう変わらない。

ターニャはいつも少年兵のように不機嫌な顔で、しかし、やることはテキパキとやってゆく。仕事が終り、美術館を一歩出れば、こちらは「インツーリスト指定席」に囲いこまれている身だ。ガイドの勤務が終る五時以後は自由だが、日中は彼女を説得して一人歩きの時間を増やすのがコツというものだ。実際の話、ソ連の一人旅はまったく能率が悪く、当然の権利を主張しても、職場のすみずみに染みついた官僚主義の沼地に足をとられて、貴重な時間がたちまち無駄にされてしまう。いっそターニャたちとの友情を大切にする方が気持も良い。インツーリストのガイドはみな大学でそれぞれの専門の勉強をした人たちで、たいていは二つの外国語を話す。ソ連の外国語教育は非常に優秀で、私の知っている範囲では日本語、英語、フランス語、ドイツ語はみな立派なものだ。もちろん、エストニア人やグルジア人のガイドのロシア語もそうだろうと思っている。しかし収入では恵まれていない。都市の勤労者の平均月収は四月にきいたとき一九〇―二〇〇ルーブルぐらい、九月には二一〇―二二〇ルーブルぐらいといわれた。九月に再会したガイド、ナターリャは卒業後すぐ勤めて六年、月収一七〇ルーブル（ボーナスこみ）、インツーリストの車の運転手は平均三〇〇ルーブル。この国の知識階級が恵まれないのは周知の事実だが、二週間も三週間も家を空けて旅行者と同行することが多いので、給料に不満が多く、最近では辞める人が多いとのことだ。なお、ガイドは女性が多い。もっともターニャによれば、工事人夫一五〇ルーブル、掃除人九〇ルーブルぐらいで、また農林、僻地をいれれば、それ以下の人も何千万といるはずで、いちばんの問題は党の幹部の収入と特権の実態がわからないことだという。

革ジャンのターニャは非常に知的で、考え方も柔軟、そして中央政府に対して辛辣な点では、まさにレニングラードの産物だ。彼女によれば、いまレニングラードは食事は貧しく、自由市場も高いばかりで品薄、紅茶もグルジア産の美味しいのはモスクヴァに行かなければ買えない。

モスクヴァはいかにも優遇されている。キエフでも食料はここより豊富で、ペレストロイカといっても、レニングラードを敵視し、弾圧することではスターリン時代と変わらない、という。ホテルを出て、町のなかで何か食べようと誘ってみたが、最近やっとピザとペプシコーラを用意した店が数軒できたが、不味いし、行列は長い、それよりここの方が快適だから、といって動かない。もっとも、こればかりは昔からみんな同じ返事をする。ターニャはやっとロシア語版が出たソルジェニーツィンの『イワン・デニーソヴィチの一日』を読んだといい、すばらしい作品だと眼を輝かせた。問われるままに、日本で出版された作品名をならべると、彼女がびっくりしたことはいうまでもない。ターニャは汽車のなかなど暇があると、ようやく出版が許可になった一九三〇年代に追放された作家の作品を読みふけっている。当時、作家同盟議長として権勢を振るったマクシム・ゴーリキーを政府の御用作家として、心から軽蔑していることを隠さない。ソルジェニーツィンもゴーリキーのことを『収容所群島』のなかでこきおろしているというと、彼女は満足そうだった。

建物の修復にもう何年もかかっているロシア美術館を訪ねると、レーピンやスーリコフなど移動展派の有名画家の作品のうち、ロシアの愛国的な英雄物語や政府の高官を描いた彼らの晩年の歴史画、肖像画の展示がほとんどなくなっている。革命後の作品では幻想的なルブリョフら数人の作品があるだけで、アカデミーが指導した社会主義リアリズムに従って、党の委員と兵士、工場労働者、農民を讃え、またその家族の健全で明るい生活を謳歌した絵は一点もない。そして革命前の市民社会の風俗画が大幅にふえている。レニングラードの各美術館はかねてモスクヴァの方針から少しでも逸脱する努力をおこたらなかった。モスクヴァとではなく、パリと結ばれ、ベルリンと結ばれて西欧の近代芸術の一翼をになったペテルスブルクの歴史を主張しようとしている。ここでターニャはいつも不機嫌な顔を珍しくほころばせていた。彼女にすすめられて「一九一〇―二〇年代の前衛芸術展」をみにいったが、一日の差で会期が終っていた。係の青年が、一週間後モスクヴァで開催するから、そこで見てほしいといい、こういう展覧会をモスクヴァが受け入れるようになった、これがペレストロイカです、と胸を張った。

レニングラードから鉄道で、タリンを四年ぶりに訪れた。十二世紀の歴史に登場するエストニア人の砦があったトーンペアの丘にのぼると、エストニア共和国の共産党委員会の宮殿風の建物が、いわゆる景勝の地を占め赤旗を掲げている。その背後に昔の城壁の塔があり、その上に青、黒、白の横縞の大きな旗が強い風にひるがえっている。青は空、黒は大地、白は自由を表わすエストニア独立時代の国旗だ。びっくりして思わずブラボーと叫ぶと、現地のガイドのトマスは顔を紅潮させ、ターニャは気付かないふりをした。これがモスクヴァのナターリャだったら断乎一言あるところだ。四年前彼女とここにきたとき、現地のガイドをしてくれた詩人の反モスクヴァ的発言にいちいち反論し、「事情をよく知らない日本のジャーナリスト」が「誤解」しないようにベストをつくしたナターリャだった。丘を下りる石畳の道でトマスは、エストニア人は自分自身のパスポートを持ちたい、そしてロシア人を追い出したいのだといった。とくに、役にも立たないルーブルでエストニアの製品を買われては困ると強調した。このことでは、四カ月後、グルジア共和国で現地の女性ガイドで英語教師のマリーアからほとんど同じことをいわれることになる。ロシア人はグルジアのワイン、コニャック、紅茶を根こそぎ北へ運んでゆくが、もう紙屑みたいなお金を受けとるのは真平だというのだった。

街頭で絶えず接触してくるヤミドル買い（女性はいなかった）のいい値はだいたい一ドル一〇ルーブルだった。当時の公定レートの一五倍ということになる。正直なものでルーブルの値が落ちるとともに、国内におけるゴルバチョフの評判にも陰がさしてくる。一九八五年にはみんな眼を輝かせて、酒を飲ませてくれないのは困るが、彼こそ自分たちの生活を改善してくれる人だ、みんなで彼を守らなければならない、と答えた。去年の四月には半ばの人が心配そうに首を振り、九月には、ほとんどの人が慎重に沈黙を守った。ひとりの男性が、この国の党の幹部がどんなに大きな特権をもっているか考えてほしい、彼らがそれを手離すはずがない、彼らはそれを守るためにはクーデターも辞さないだろう、といった。

九月、ふたたびモスクヴァの空港に着いてみると、ナターリャが迎えにきている。四年前、モスクヴァからバルト三国、レニングラードをまわる三千キロの鉄道の旅をした旧知の仲だ。今度はまずウラジーミルからボルガ河畔の古都ヤロスラヴリに出て、ロシア正教の大本山ザゴルスクを経てモスクヴァに帰る八〇〇キロを車で走る。十二世紀以来のロシア教会が真珠のネックレスのように連なっている。嬉しそうに小さな身体を弾ませている彼女をみて、実は、またマジメ人間といっしょかと思った。はたして、空港からホテルまでの車のなかで早速、あなたがすすめたソルジェニーツィンを読んだが、文章が生硬で、美しくない、とのっけからやられた。

四年前はまだ少女の面影をのこしていたのがすっかり大人っぽくなったナターリャは、ターニャのように革ジャンの着たきりスズメの真似はしない。小さなバッグしかもってこないのに、手品のようにブラウスとスカートの組み合せを変え、ホテルのレストランではイタリアの中ヒールをはいている。朝いちばんにインツーリスト本部との打合せの会議を終え、ウラジーミル街道をたどって、古都ウラジーミルの大聖堂と教会をみたあと、町そのものが中世博物館といわれる修道院と教会の町スーズダリに夕方着いた。夕食のあと、いま人気のテレビ番組にシシリー島のマフィアの映画があるから、いっしょにみようとナターリャがいう。ホテルの客室にはそれぞれ大きなテレビがある。四年前にはなんとか映っていたのが、去年はどこでもすべて故障。ロビーにあるたった一台の前に、お客も従業員もぐるりと座ってみるのだ。吹きかえが下手なので、麻薬取引きの場など、五千万リラでどうだ、とイタリア語が出てしまうと、そのまま「ハラショー」とロシア語でつづける。それでもそれなりに判ったことになって、全員が熱中している。ナターリャが、イタリアのマフィアは、そのまま中央アジアの綿花と麻薬の利権をもっている党の幹部になってみえるから人気があるのだ、と眼はテレビをみたまま説明した。政治番組はモスクヴァのはつまらない、第三チャンネルに入るレニングラードの方がラディカルで面白いともいう。ナターリャもずいぶん変わったと思った。四年前には、中央政府を攻撃したレニングラードの職員とやりあった挙句、ここはロシアの町ではないと、まるでピョートル大帝のペテルスブルク（レニングラード）を毛嫌いしたモスクヴァの地主貴族みたいなことをいっていた彼女だ。話はマフィアから中央アジアの出生率になる。ロシア共和国では一組の夫婦が二人弱の子を生むが、中央アジアでは一二人の子を生み、八人が生きのこる。ロシア人の出生率はもっと下るからいまにロシア人はいなくなってしまう。民族独立運動が各地で盛んだが、世話を焼いてうらまれるのはやりきれない、今こそロシア人のロシアを守るときです、とナターリャは祖国の大地、母なる河に涙ぐむロシア女になってしまう。

狼と鹿のいる赤松、樅《モミ》、菩提樹と白樺の森を抜け、牛も羊もほとんどいない広大な牧場を横切る。やがて金色の十字架を高くかかげ、金色のドームを頂いた白い教会がはるかの丘に旅人を迎えに出る、といったパターンが無限にくりかえされる旅だった。小春日和、ロシアでいう「女性の夏」の抜けるような青空の下、白樺や樅《モミ》の黄葉が一陣の風にのって、金の粉末を散らすように野を横切ってゆく。スーズダリを出て、ボルガ河畔の古都ヤロスラヴリまでさらに二三〇キロ、樫と菩提樹がふえて森は一段と暗くなるが、大地はやがてボルガを指して傾いてゆく。防風林になっている白樺の並木が、平原のなかを二本の金色の帯になって弓なりに下ってゆくころ、左右の森や畠のなかから、大きな荷物を振り分けにして、頑丈な杖をついた女がときどき現われる。おおかたは何十年の風雪に耐えた老婆で、黒い頭布をかぶり、何やらくろぐろと着ぶくれしている。ロシアの村の入口や、町の自由市場には欠かせない登場人物だ。すでに一九八六年、政府部内の急進派がまとめた政治・経済改革のための宣言のなかで、農村部の生活水準が今世紀のはじめのロシアの水準にとどまっていることが指摘された、という報道が記憶に焼きついている。いまボルガ河とオカ河に挟まれた中世以来のロシア人の居住地にきてみると、老婆たちは、革命前どころか、イヴァン雷帝のころから同じ姿でそこに立っているように見える。

やっとたどりついたボルガ河畔のコストロマは、青や緑、黄色などに塗った平屋の木造家屋が連なっている典型的なロシアの町だ。そこの自由市場は白い建物に囲まれた方形の広場だった。売り手と同様、くろぐろと重ね着した男たち、女たちが品物を見て歩く。所在なげに歩きまわる派手なブラウスの娘たち、ざるに盛ったまっくろなヒマワリの種をつまんでは嚙みながら巡回する二人連れの警官、あげたてのリピョーシュカ（あげパン）を食べている夫婦もの。肉、ラード、チーズ、卵とパンは横の建物のなかで売っているが、屋台はジャガイモ、キャベツ、トマト、リンゴ、いま出盛りの西瓜に、黄色い大きな瓜、コケモモの実、何種類ものきのこ、野と森の匂いのする市場だ。キュウリの酢漬けを売るきさくなおばさん、しきりに試食をすめる西瓜売りのおやじ、広場のすみでわずかなきのこを新聞紙の上に拡げている若い夫婦もいる。なぜか知らないが、毛糸の帽子をならべている老婆たちは、どこの町でもひときわ貧し気で、人相も険悪なのが多い。獣脂にまみれた服をまとい、入浴の習慣もないようにみえるのもいる。ロシア小説に出てくる文字通りのムジィク（お百姓）だ。ナターリャに、そんな言葉を使ってはいけないときつく叱られたが、やはり語感はこれがぴったりだ。もっとも彼女によれば、彼らはけっして貧しくないという。身なりはどうでも、実はしこたまお金を貯めこんでいる。

それを靴下預金という。社会主義政府の政策を絶対信用せず、自分の金銭を増やすことしか頭にない無教育者だと断言する。ゴーゴリの『死せる魂』に出てくる愚鈍でけちな後家さんカローボチカや、ひからびた、けちの権化のプリューシキンをおぼえているでしょう、彼らのようなどうしようもない村の住人なの、と付け加えた。ナターリャは少し苛立っているようだ。彼女にしてみれば、私は温和しく教会や修道院をまわって、建築や浮彫、壁画やイコンを勉強して、あとは表通りを散歩し、外国人専用ホテルで休んでいてくれればいいのだ。昼間から市場に入りこんだり、一人で外出してヤミドル買いと話をしたりしてほしくないし、汚いお百姓について質問されるのも気が重いのだ。でもナターリャは、さっきから老婆が何人も集まって、外国人が写真をとっていると警官にいいつけているが、もう警官もそんな年寄りは相手にしない、ソ連は変わりました、と機嫌をなおして報告した。カメラを怖れたパン屋のおばさんを、パンはミサイルではない、と説得した彼女だ。

この旅の最後の目的地はザゴルスクだった。大修道院の構内にあるトロイツキー聖堂に入ると、ローソクの融けるロウの臭いがこもる堂内に、金色のイコノスタシス（イコンをかけならべる内陣障壁）が重苦しく光っている横で、一列にならんだ暗い表情の女たちが詩篇を民謡風な旋律で朗唱している。よく透る美しい声だ。死後は聖者になるはずとナターリャがささやく、その老司祭が祭壇から歩み出ると、老いも若きも争うようにひざまずく。疲れて弱々しくみえる司祭は、不機嫌な表情で手の甲に唇をつけさせながら、少しずつ出口に向って移動してゆく。悲しげな眼で憐れみを乞う信者たちの群が、いざるように後を追う。ここは十万人の農奴を搾取してきた修道院だ、と説明したナターリャは、その有様を、なにか耐え難い表情でみつめていた。四年前に、教会はあるがすべては老人の慰めのため、と断言して私と大論争した彼女にすれば、いま、多数の若者や新婚のカップルが信者の群にまじっている事実に閉口しているのかもしれない。経済が混乱し、社会主義革命の前途に希望がないから、こういうことになる、しかし私は自分が無神論者であることを誇りに思う、というナターリャは疲れてきて、もう眼のまわりが青くなっている。

ロシア正教の大本山とよばれるここザゴルスクはセルギエフスキー・ポサード（セルギー門前町）とよばれていた。モスクヴァの党委員会書記のザゴルスキーがアナーキストの爆弾で殺された一九一九年に、政府はここにあった聖セルギーの遺体を持ち出し、民衆が崇めてきたものが「ぼろと骨と綿のかたまり」に過ぎないことを公表する。さらに一九三〇年、この町の名からセルギーを外して、ザゴルスクと改めたという。この一九三〇年代には、革命前には四万四三七あった教会のうち活動しているものはわずか一〇〇〇ぐらいに減らされていた。私にすれば、ここにいて、どうしても「赤の広場」のレーニン廟の前に、長時間黙々と列を組んでいる人びとの姿を考えないわけにはいかない。レニングラードの美術館で知り合った学生の言葉を借りれば、ソ連の民衆は「新しい聖者のミイラ」をあたえられただけだったのだろうか。

まっかな夕焼け空に、金色のドームをいくつも炎えるようにならべている大修道院をあとにして、車はモスクヴァに向って森のなかを抜けてゆく。モスクヴァの委員会の承認を経ないで、自由に司祭に会いたいという希望を修道院事務所にもってゆき、予想どおりしたたかやりこめられたナターリャは、とうとうあどけない顔で眠りこんでしまった。

ヴォルガのまちとコーカサスのまち——一九八九年のソ連 2

ヤロスラヴリはヴォルガ河上流にあり、ロシアでももっとも古い貿易都市のひとつだ。モスクヴァから直行すれば北へ約三〇〇キロ、五時間かかる。途中、ザゴルスクをはじめ、それぞれ中世以来の宗教建築で有名な古都が散在するが、交通信号がひとつもない。左右の森は深い。美術史では、ヤロスラヴリ派とよばれるイコンの画家たちが十三世紀、この町の中世文化がもっとも栄えたときに活動したことで有名だ。モスクヴァのトレチャコフ美術館にあるイコン「偉大なるパナギヤの聖母」はここで描かれたが、峻厳ななかに洗錬された貴族趣味が感じられる名作だ。だからヤロスラヴリという地名は、私にはほとんど宗教的な響きをもっていた。

ときどき道を横切る牛や羊の群れに阻まれながら、ようやくヴォルガ河に合流するコトロスリ河にかかる橋に着くと、対岸の河岸段丘の上に、スパソ・プレオブラジェンスキー（救世主変容）修道院が、それぞれ金色と濃緑色のドームの上に金の十字架をかかげて旅人を迎える。長大な白い壁に囲まれた要塞修道院だ。「偉大なるパナギヤの聖母」はここに伝わった。この横を通って旧市街に入ると、どの道を歩いても修道院と教会の塔が目に入り、それぞれ菩提樹や白樺が構内から伸び上っている。ことさら貿易が栄えた十七世紀には、この地の商人が建立した教会が五〇を数えたという。しかし落着いて市内を歩くと、修道院と教会の町という最初の印象に、西欧風な国際貿易都市の往年の面影が重なってくる。中央広場は黄色い壁をもったイタリア風のマンションに囲まれ、そこから優雅な並木道を下ってヴォルガ河岸通りに出ると、立派な菩提樹の並木が鮮やかな黄葉を、秋の透明な光に輝かせ、並木の背後には、白い大理石に縁どられた広壮な邸宅がならんでいる。十八世紀、エカテリーナ女帝の時代につくられた散歩道だそうだが、セーヌ河畔を歩いているような気になる。いうまでもなくヴォルガはセーヌよりも、ラインよりも広く、このあたりでは幅約一キロ、水際の砂地へ下りてみると、ラインの水は薄黒いのに、ここの水は薄茶で優しい。並木の下には黄色いベンチがあって、その上に、さらに黄色い葉が散っている。ヴォルガ河にコトロスリ河が合流するところに長方形のイタリア風庭園があり、松と菩提樹で整然と区切られたなかに、大理石の彫像とバラの花壇が配置されている。日向のベンチには中折帽の男たちが本を読んだり、小さな帽子をかぶった女たちが編物をしている。また、ヴィクトリア朝風の丈高い乳母車に幼児が眠ったりしていて、まるで五、六十年前のパリの絵葉書をみているようだ。河を上下する河船はセーヌやラインに較べて、数こそ少ないが、船体は大きく、塗装も美しい。傷んだ道路を右に左に首を振るようにして行きかう巨大なトラックの埃と油にまみれた姿を見なれた目には、これが同じロシアとは信じられない光景だ。小さな港をみつけて下りてみると、客船の内部もきちんとしていて、船員の表情も精悍だ。何によらずロシア人の制服はいつもだぶだぶで、どこか哀しげなのに、彼らは紺の制服がきちんと身についている。差し出された日本のタバコをうまそうに吸い、明るく笑う。ロシア人の歴史は河とともに始まる、という言葉があったが、河に生きるときロシア人は屈託のない旅人で、表情も豊かだ。

ここは母なるヴォルガを上下して、東はカスピ海を経て中近東、インド、西はラドガ湖を経てバルト海沿岸諸国、また白海の孤港アルハンゲリスクに出て、イギリスとの貿易に生きてきた町だ。それがどこにせよ、地図の上で河川をたどってみるくらい想像力を刺戟されることもないが、ヴォルガ上流ぐらい不思議なところはない。森林と湿地帯が交錯するなかを河は無限に蛇行を繰りかえしながら北上する。ついにその先端がいくつもの湖や、増水期には水没してしまう湿地帯に入ると、そのまま気が遠くなるほど大きく迂回して、白海に向かう流れにつながってしまう。極北の白海から三五〇〇キロを伝ってカスピ海に入る長大な水路なのだ。夕陽がはるかな地平線に向かって傾くころ、ここヤロスラヴリの河岸の丘でスパソ・プレオブラジェンスキー修道院のいくつもの金の十字架とドームが赤黄色に燃え、ヴォルガの水は暗赤色の広い帯になって東に去ってゆく。船に乗ってみると、合流点にあるこの修道院の十字架は、河が東に曲るにつれて水面にせり出してくるようにみえる。何百年の航行者を護ってきた十字架だ。

十七世紀にはここにイギリスの貿易センターがあった。中央広場にはそのころ建てられたイリヤ・プロロク教会がある。朝霧が上るとき、優美で亡霊のようなその白い姿を現わす。その外陣回廊に、この町の画家たちが描いたフレスコ壁画があって、そのなかに地獄に落ちた三人のイギリス商人と、この教会の会計係が描かれている。ここも、ロシアの町の例に洩れず、イタリア風、あるいはフランス風の建築と庭園はあっても、イギリス風のそれらはない。ただこの壁画だけが、空しく彼らの足跡を語っている。

夜になるとホテルの前の河岸にバイクの少年たちが集まる。革ジャンパーを着こんで、ブリキ缶を叩くような頼りない騒音をたてるバイクを乗りまわす。町中の喫茶店にいったら、カウンターにコカコーラの缶が積んであるので値段をきいたら、実はみんな空缶だという。まるで鼓膜が破れそうな甲高い音を出すラジカセがロックをヴォリュームいっぱいに鳴らしている。

みんなコカコーラの空缶の前で、コーヒーを飲む。といっても色だけが似ている甘い飲みものだ。女の子は二、三人連れで笑い声を立てているが、若ものはたいてい一人ずつ入ってきて、何か物思わし気な顔で同じものを飲んでいる。こんな古いロシアの町にもアメリカ流のファッションがほそぼそと入っているのだ。バス停のある広場や、市内電車の終点、ホテルのロビーなどに出没するドル買いの若ものや少年たちの身ごなしも、まさにドル買いの国際様式に見事にはまっている。ホテルの裏の広場で私を囲んだそれら三人の少年の英語が、学校風できちんとしていたのは、いかにも痛々しかった。人ずれしたところもなく、しきりに東京のことを知りたがる。しかし、自分たちのことは話したがらない。この町の国営商店は品数はもちろん少ないが、それなりにきちんと整理されている。お客の女たちにも身ぎれいな人が多い。いかにも粗野なレジの女にこづかれても、優しく耐えている中年の主婦がいた。ロシア語のラベルを見ていると、彼女たちは私がそれを理解できるのかどうか気がかりだという風情で、なんとなく様子をみている。そのことに私が気付くと、さらりと視線を外して、何気ない様子で離れてゆく。革命で傷めつけられた知的な中産階級が、まだこの町には生き残っているのだ、とひとりで決めてしまう。ロシアのアイスクリームが美味しいことは定評があるが、この地方ではクリームチーズ（一キロで二―二・五ルーブル）の味もまろやかで、ほんとうに美味しい。パンの種類も豊富で、しっとりしたさまざまの黒パンに慣れると、東京のスーパーなどにあるパンが、まるで鯉に投げあたえる麩のように味気なく思える。

二日目の夕方、町はずれの湿地帯にあって、コトロスリ河に臨む洗礼者ヨハネ教会を訪ねた。煉瓦の外壁は複雑な装飾を彫ったピラスター（片蓋柱）で飾られ、浮彫の抽象模様で囲われた四角の空間に、半ば抽象化された民芸風な様式で花瓶の花などを描いた多彩のタイルが嵌めこまれている。木造の建物を作ってきた森の民の感覚が、自由な形に焼ける煉瓦に生かされていて、こういう建築を作るときのロシア人はなにか夢を追っているようにみえる。人気ない湿地帯で夕陽をひっそりと浴びているその姿は、不吉で幻想的な童話の世界の生きもののようだった。

ロシア人のロシアに、しみじみ触れる思いで終えた旅のあと、モスクヴァからグルジア共和国の首都トビリシに飛んだ。鮎のようにすっきりした旅客機ツポレフで二時間半、一路南下して夜のコーカサスを越え、深夜に到着する。無趣味で殺風景な飛行場風景は、西はタリンから東はハバロフスクまで信じられないくらい同じソ連だが、そこを離れて、谷間に向かう荒地の斜面を下りてゆくと、裸の丘が夜目《よめ》にも白く、もうここはロシアではない。くる日もくる日も森のなかを走り続けた身体に乾いた風が物珍しく、こういう荒地の空気ほど心をさわがせるものもない。

夜明けに目が覚め、ゆっくり風呂に入って、そのまま町に出ると、ようやく左右の裸の丘がバラ色に染まって、谷底のトビリシはまだ眠っている。地図で見当をつけておいたダヴィデの丘の下の住宅区に入ってみる。十九世紀の住宅に挟まれた道を上下しながら歩きまわると、どのフラットにもテラスがあり、それを囲む植物文様の鉄のフェンスのデザインがそれぞれ違っていて、早朝の白い青空に、くっきりとシルエットをみせている。道路に接した門と窓にも、ペルシア風やアール・ヌーヴォーの植物文様の鉄格子が入っている。なかには金色に塗られたものもあって、プラタナスの並木をすかして差しこむ朝日を受けて、赤金色に光っている。ときどきテラスにパジャマ姿の女がでてきて、朝の光のなかで黒い髪をすいているが、私に気付くと、ほんの一瞬の間に姿を消してしまう。そういうアパートメント・ハウスのひとつで、入口の鉄格子が開いているのを幸い入ってみると、螺旋状の鉄の階段があって、唐草模様の透し彫りになっているその手すりと階段の立派なつくりは、さすがに十一世紀以来、金属工芸の長い伝統を誇るこの町の職人ならではの仕事だ。

ここはすでに五世紀から、ヨーロッパとインドを結ぶ通商路の節目《ふしめ》で、十一世紀から十五世紀にわたって、中世美術工芸の主要な中心地になった。十五世紀にビザンティン帝国が瓦解して、オスマントルコがバルカン半島を制圧したとき、この通商路もさびれたが、十八世紀に復活、十九世紀には東西を結ぶ貿易都市としてふたたび繁栄した。いまの町の中心はその時代に建設された。大通りから裏町まで、鉄による装飾の美しい町だが、アパートメント・ハウスの中庭に一歩入ると、内側はバルコニーも傷んでいて、廃都の愁いが漂っている。

朝食を終えると、北の旅以来同行してくれているナターリャから土地のガイドのマリーアに紹介される。まだ若いが、本職は英語の先生で、典型的なグルジア人。背が高く、切れ長の目がわずかに吊って、こまかい模様を刻んだ半月形の銀のイヤリングをつけている。黒髪豊かなその横にいると、薄茶の髪のナターリャは、まるで霧氷に閉ざされた森から迷い出た雪女のようにみえる。ここは一九七八年、すでに大デモンストレーションの結果、公用語をロシア語からグルジア語に戻すのに成功した土地だから、ナターリャにしても、マリーアがいなければこまかい交渉ができない。マリーアが、この国の人口の一〇パーセントはロシア人だが、みんなグルジア語で生活していると、きっぱりいったので、ナターリャは必死の反撃に出る。ソ連邦の一員としてロシア語を話すのは当然の義務だというのだが、マリーアは断乎として受けつけない。バルト三国でもそうだが、ここでも被征服民族が征服民族より先進文化を誇っている以上、ロシア人のナターリャの苦労も多い。

ともあれ、まずコーカサスの山がみたくて、早速ダヴィデの丘に登るケーブルカーに向かう。途中の広場にひときわ巨大なレーニン像が立っている。さわやかな南国の空の下で、真面目なレーニンはひときわ陰気にみえる。ナターリャももう「偉大なるレーニン」はやめて「例のあの人」と囁くので、調子を合せて「第二のイエス・キリストのことですね」というとマリーアが「そうです。しかし私たちグルジア人の神ではない」と続ける。ナターリャはたちまち憂うつになり、だから私はあなたのような仕事の人と旅行するのはいやなのだ、ロシア人が憎まれている土地にいると判っているくせに余計なことをいって、といささか恨めしい顔になった。

丘から見下す荒地の谷底に、トビリシの町が長く伸びている。オカ河の流れが鋭く谷を刻みながら北に向かう先に、真白なカズベク山（五〇四三メートル）が光っている。ケーブルカーの席に割りこんできたドル買いのおやじが、まだついてきて、イタリア語でしきりに山の自慢をしている。いままではインツーリストのガイドの眼の前でドルを買うような危険な真似は絶対しなかったのに、二人の目の前で一ドル一〇ルーブルだとしきりに繰りかえすのだ。その派手な身ぶりと陽気な顔のイタリア語をきいていると、まるでローマかヴェネツィアにいるような気がする。カズベク山の左の高峰エルブルス山（五六三八メートル）はここからは見えないが、その山頂の岩が、プロメテウスが鎖でつながれ鷲に肝臓を食われる責苦にあったところになっていて、美術でもおなじみの主題の舞台だし、この二つの山の間の深い谷間に金羊毛が隠されて、竜がこれを守っているという。すでにここは地中海伝説の地なのだ。ドル買いはイタリア語だったが、二つある美術館の館員は、みんなフランス語を話す。バルト三国でドイツ語が便利なのと同様、ソ連政府の強権をもってしても、言葉の歴史を変えることはなかなかできない。

一九三六年、アンドレ・ジッドは病床にあったゴリキーを見舞うためモスクヴァを訪れた。その死には一日の差で間に合わなかったが、ジッドは「赤の広場」で行われた告別式に参列し、新しい理想の下に生れたソ連に人間的な文化が開花することを信じている、と演説した。その十一年前、コンゴ河を旅して、帝国主義による植民地支配の悲惨な実情を告発した『コンゴ紀行』を発表したジッドだった。しかし、この時の一ケ月にわたるソ連旅行のあとで発表した『ソヴェト旅行記』（一九三六）と『ソヴェト紀行修正』（一九三七）は、ソ連におけるコンフォルミズム（画一主義）とデペルソナリザシオン（非個性化）を真向から告発する書となり、ジッドは裏切り者として、ソ連とフランスの左翼陣営の憎悪の的となった。しかし、私にとってこの本は、いまでもソ連の旅で感ずる疑問の重圧に悩むときの慰めの書になっている。そのジッドはここトビリシ（当時はティフリス）に着いてようやく自分をとりもどし、折からのすさまじい暑さにもかかわらず二週間も滞在した。このジッドの気持は、いまもソ連を旅する人すべてのものであろう。ひとりになって街を歩いていると、ソ連にいるという気持をいつの間にか忘れている。行きかう人びとと目が合えば、彼らは決してそれをそらさず、ときには愛想のよいウィンクを送ってくる。市立美術館の横に花市場があって人出で賑わっているが、その広場に床屋があって、ヴァレンティノみたいな大時代な美男子の写真が貼ってある。明るい喫茶店がたくさんあるので、そのひとつに入ってみる。炭火の爐で煮るトルココーヒーを飲んで、思わず美味しいといったら代金はいらない、という。アイスクリーム売りの老婆まで、お金はとらないと言い張るのだった。このことをあとでナターリャに話したら、田舎の人は押しつけがましくて困るでしょうと顔をのぞきこまれた。夕食のテーブルに突然どこからかワインが届く。さっと栓を抜くウェイターがそれとなく遠くのテーブルを身振りで教えると、そこの人はちらっと笑顔をみせるが、すぐ知らぬふりをする。遠来の旅人をもてなす伝統で、こういうときお返しをするのは野暮なのだ、とこんどはナターリャも笑っている。グルジアのワインとコニャックは、ロシアでは貴重品だが、この町の酒屋では一本たった二―三ルーブルで棚にずらりと並んでいる。ソ連といってもつくづく広いし、土地による衣食の差は大きい。ルスタヴェリ大通りのプラタナスの見事な並木の下を歩いていると、女性の服装もこざっぱりしている。ブラウスとスカート、スカーフは常に黒が基調になって、それに黄、赤、緑、青、白などを合わせる。年配の女性は黒と茶の組み合せが多い。イヤリングは金属のものが多い。そんな様子に惹かれて、大通りのデパートに入ってみる。品数は豊富でバルト三国のタリンやリガを思い出す。女性用の革手袋が一〇—一六ルーブル、夏物ワンピース五〇ルーブル、冬物一〇〇ルーブル、靴下八—九ルーブルぐらいだ。男物では靴二五—二七ルーブル、ジャンパーが四〇—五〇ルーブルといったところだった。立派なジュウタンが一五〇×三二五センチで二五〇—七〇ルーブル、国産カラーテレビ七五五ルーブル。都市生活者の平均月収を二〇〇ルーブルとすれば、衣料品も高いが、テレビはその四倍に近い。あとでマリーアにきいたら、カラーテレビはすぐ故障するから買ってはいけないという。話が買物のことになって、マリーアは、モスクヴァにゆくとなんでも行列しているが、ここではそんな必要はまったくない、ロシア人の暮しは人間の暮しではない、という。ここで行列がないことは事実だ。ナターリャにきいた話だが、モスクヴァではペレストロイカで、テレビにコマーシャルを入れて独立採算制をとろうとしたが、宣伝する品物が店にあったためしがなく、かえって市民の怒りを買って、コマーシャルは中止になった、という話をマリーアにしたら、ふふんと苦笑した。グルジアは雑貨と農産物はいかにも豊富だが、実はここもソ連の一部に違いなく、石鹸は使いものにならないし、二つある美術館ではいずれもカタログはおろか、絵葉書もポスターもない。要するに売店は開店休業で、入場券もちり紙のように薄い。美術館でその理由をきいてみたが、要するにあるときはある、という本人たちも困ったような返事だった。あとで知ったことだが、このころ、南隣のアルメニア共和国の首都エレワンでは、肝心の『プラウダ』が紙不足で発行できない日が続いたという。トビリシのガソリン・スタンドではいつも五〇台から六〇台のトラックや乗用車が行列していた。給油に半日かかるという。ロシア共和国ではほとんど行列がないので、いかにも不思議だった。ナターリャは、アルメニアが石油をグルジアに送らないからだという。なぜ目の前にあるイラン、イラクの安い石油を買わせないのか、という私の質問にナターリャはソ連には石油がたくさんある、それを安く各共和国にあたえているから外国から買う必要はないという。マリーアは、グルジアの酒や紅茶をモスクヴァが買い占めてしまうから、どっちみち石油を輸入するお金なんてないといった。バルト三国には自分たちだけの通貨を発行しようという考えがある、と私がいうと、マリーアは眼を輝かせて、すばらしい考えだ、モスクヴァもルーブルに価値がないことをよく知るべきなのだと、大声になった。

歴史博物館で、この地から大量に出土したローマン・グラスの展示をみていると、ひとりの青年が話しかけてきた。正確な英語だった。トビリシ大学で生化学を専攻しているという。しかし、十五世紀にはじまるトルコ銅器の影響など、くわしく説明してくれた。いかにも政治には無縁そうな青年だったが、私一人だったのを幸い、四月の民族独立のデモのとき二一名の若者が出動したソ連軍に殺されたという噂についてきいてみた。すると彼はその噂は本当だと肯定しながら、明らかに平静をよそおって、何事もなかったかのように微笑んだ。どんな苦しみにあっても、誇りを失わないグルジア人の微笑みだった。最後に彼は、日本は間違ってもソ連流の社会主義革命を起してはいけない、といって、表に帆船を打ち出した薄い真鍮の板を表紙にした小さなメモ帳を私の手に押しつけた。どうしても記念にもっていってほしい、といって譲らないので、第一ページに彼のサインをもらって、受け取った。美術館の女性のキューレターに彼の話をして記念品をみせたら、彼女はその学生は自由に話ができたことを喜んでいるのだ、四月の事件以来、いまはとても危険な時代なので、といった。

ロシア人のロシア

ロシア人のロシア

手をはなれた風船

昨年（一九八九年）の五月、たまたまメーデーの日にモスクヴァにいた。モスクヴァ大学構内のリンゴの並木もすでに若々しい緑につつまれて、ここも暖冬異変、初夏のように暑い日だった。ゴリキー通りにあるインツーリスト・ホテルの前、外国人ばかりを集めた羊の囲い場のような一劃で、メーデーの行進をみた。

歩道に背を向けて一列横隊になった若い兵士に挟まれて、広い通りいっぱいに人びとが「赤の広場」に向っている。その両端を、赤い腕章を腕に巻いた年輩の男たちが一列縦隊になって、人びとに付き添うような風情で歩いている。ときどき手に手に赤い大きな旗を捧げた二十人ぐらいのグループがきて、そのあとを家族連れの人たちが、うすいブルー、ピンクあるいは黄色の風船や、大きな色とりどりの造花をもって歩いている。ごくまれに、レーニンとマルクス、エンゲルスの巨大な肖像写真を手押車に載せて押してくることさら堅苦しいグループがある。ゴルバチョフの肖像はついになかった。汗ばむほどの陽気に疲れたのか、とぼとぼと聖域に向う人びとの表情には生気がなく、足取りも重かった。空は抜けるように青いのに、服装も暗く、着ぶくれた彼らは、こんなにたくさん、いったいどこから歩いてきたのだろう。疲れのしみついた長い時間がのろのろ過ぎてゆく。

ちょうど私の前を歩いている父親の肩にのせられた男の子の手から、ピンクの風船がひとつ空に舞い上った。明るく、軽々と風に乗った風船を追う父と子の瞳が、生きかえったようにみずみずしかった。そろって長いまつ毛を反らせて空を見上げたまま、親子はたちまち赤い腕章の男たちの陰気な背中に隠れてしまった。彼らはもちろんモスクヴァの住人だろうけれど、彼ら自身、あるいはその両親は、どこかの森のはずれの村か、大きな河のほとりの町からきたのかも知れない。東京の生活でもそうだけれど、このような巨大な都市に住んで、大なり、小な

モスクヴァ　赤の広場と聖ワシリー教会

り組織のなかに組みこまれた人びとにも故郷の山河があり、それなりの暮しがあったのではないか。

音楽もなく、話声もなく、ただ地をするような重い足音がゴリキー通りに拡がるなかで、私はトレチャコフ美術館にあるサブラソフとレヴィターンの風景画を思い浮べていた。サブラソフはヴォルガ河に近い農村の早春、雪どけの丘に立つ白樺の裸木に黒いミヤマガラスが群れ、水びたしの荒野を背に、ロシア教会の尖塔が春の光をとらえている情景を描いている。レヴィターンは、白雲の流れる夏空の下、コバルト・ブルーの水面に白い船体の河船を浮べるヴォルガ河を描いている。そして、かねてレコードで折にふれ聴いていたロシア教会の夕べの鐘の音。それを聴いていると、夕陽のなかでゆるやかに傾く丘に立つ教会の塔の下に、夕飼の煙をあげている村が眼に浮んできた。いま、メーデーのゴリキー通りに立っていて、私は彼らの故郷、ロシア人のロシアを訪ねる旅を切に願った。

長い夢がとうとう現実のものになって、五カ月あとの九月半ば、モスクヴァを後にして北に向った。ちょうど二葉亭四迷の訳文で親しんだツルゲーネフの『あひびき』に描かれた黄金の秋の森と野を抜け、サブラソフやレヴィターンが描いたヴォルガ河にいたる旅だ。地図を開けば、一帯はヴォルガ河上流とその支流オカ河に挟まれた中世以来のロシア人の居住地で、昔の本では「ロシアのメソポタミア」とよばれた、もっとも古く、もっとも純粋なロシアの文字通り母なる大地だ。そこには河岸の丘や湖畔、あるいは切りひらかれた森の中に拡がる村と町があり、なかでも、十二、三世紀にこの地に栄えたウラジーミル・スーズダリ公国やヤロスラヴリ公国などの、古都を護るロシア正教の大聖堂と教会、修道院が風雪と災害のなかに、高く金の十字架をかかげて今日に至っている。なかでも十二世紀から二世紀にわたるモンゴルの侵略、いわゆる「タタールのくびき」の下にあって、森林に開拓の斧をふるうロシアの人びとの心を結び合わせたものがロシア正教だったことを思えば、この旅こそ長い冬に耐え、帝政ロシアからソ連邦にいたる独裁政権に耐えて生きてきた忍従の民の心を知るときになるはずだった。いわゆる「ゴールデン・リング」の古寺巡礼の旅、車で約八〇〇キロを走る。

金の冠に白いドレスの王女たち

ウラジーミル街道を行く

穏やかな青空の下、エントウジアストフ通りからモスクヴァを抜けて、いよいよウラジーミルへ向う。ロシアでいう「女性の夏」、日本の小春日和だ。ここで秋といえば肌寒く、湿っぽい冬のはじまりで、暖かい青空の日は、英語のインディアン・サマーと同様に夏という。車はかねて独立運動でモスクヴァを悩ませているバルト三国のひとつラトヴィアの製品、クライスラーと技術提携したマイクロ・バス、「ラトリア」という。運転席のうしろ八人の座席の後半に撮影の機材を積んで、運転はユーリー（愛称ユーラ）、二児の父親で、子どもの話になると眼がうるみそうになるまだ二十八歳。ガイドはイリーナ、五年前、バルト三国からレニングラードをまわる三千キロの鉄路の旅をして以来の旧知の仲、当時は少女のあどけなさを残していたのが、めっきり大人っぽくなった。写真は石尾博一さんとアシスタントの若い山本英男君、三年前、チェコスロヴァキアを一周した仲間だ。

ウラジーミルまで一八五キロ、都心から一時間も走るとブルーや黄色に塗った木造の農家が街道沿いに現われ、それぞれの窓には白いレースのカーテンが明るい日射しを吸っている。畠と牧場が切れると、松と樅《モミ》と白樺の森が続くなかを延々と抜ける。畠はいまほとんど裸だが、麻、小麦、ライ麦を栽培、森には鹿と狼とリスがいるそうだ。白樺は黄色い葉を光らせて、ひと風くればいまにも黄金の雨となって散るばかり。のどかな旅立ちだった。ときどきトラックと出会うだけで、沿道には人影もない。ここウラジーミル街道は、かつてシベリアへ送られる流刑囚が、毎年一万二千人以上通ったという。スーズダリの女子修道院へその生涯を幽閉された貴婦人たちも、雪に行き悩むそりにゆられて都を後にしたこの道は、絶望と嘆きの道だった。バラ模様のショールを織るので有名なパヴロフスキー・ポサード（ポサードは城下の商人、職人町の意）を抜け、モスクヴァから百十キロほどの休憩所で休む。露店があって十五、六人の人たちが、黙々とシシカバブを喰べ、クワスを飲んでいる。石尾さんがにわとりの形をした大きなクッキーを買ってくる。ひとつ五カペイカ。南はポーランド、チェコスロヴァキア一帯まで共通する民芸のデザインだ。誰も食べないので、石尾さんはつまらなそうな顔で写真をとると、そのままユーラの横においた。何日たってもにわとりはそこに置きっぱなしになって、石尾さんはときどき、だんだん縮んでくるよ、と少し悲しそうだった。

出発から四時間、ようやく前方の丘に、いくつもの黄金のドームをきらめかせた白い聖堂が現われる。クリャジマ河左岸の古都、ウラジーミル・スーズダリ公国の首都として、十二世紀に建設されたウラジーミルだ。町に向う坂を登る満員のトロリー・バスを追い越すと、町の西門、白い石の「黄金の門」にゆきあたる。頂上に金色のドームをつけ、ペルシァ風の高いアーチをもった力強い三層の要塞建築で、いま階上は軍事博物館だ。ロシア、モンゴル両軍の武器が陳列され、十三世紀に侵入したモンゴル軍との戦いの情景がパノラマになって、赤や青の照明が点滅し、どろどろと戦さの音がおこる。

ウラジーミル　ウスペンスキー聖堂の入口

ロシア中世美術の殿堂ウラジーミル

河岸段丘の上のウスペンスキー（聖母昇天）聖堂へ急ぐ。中央のひときわ高い金色のかぶと型ドームを中心に、四つの色も形もそっくりのドームがその周囲におかれ、頂上にはそれぞれ金の十字架がついている。白い石造の三身廊式聖堂の典型で、十二世紀の建立《こんりゅう》。変わりやすい秋の空を雲が流れるままに、金色のドームも白壁も、あるいは光り、あるいはかげり、刻々その表情を変えてゆく。外壁はピラスター（片蓋柱）の直線が優雅に丈高く伸び上り、上端は大きな円形アーチで結ばれ、アーチの上を金色の飾りがなぞっている。入口の上部も幾重にも重なった典雅なアーチで囲まれ、その上辺を、金箔を貼った鳥獣草花文の飾りが囲んでいる。屋根の円形アーチの金の飾りも同じデザインだ。外壁の浮彫にはビザンティン風の鳥や獅子、怪獣と人の顔、そして抽象化された植物文様が刻まれ、このロシアの森のなかに生まれた聖堂には、フランスのロマネスク教会と同様、東方の文明がもたらすエキゾティシズムが不思議な活気をあたえている。この聖堂と金色に輝く尖塔をもった十九世紀の教会の間にはさまれた礼拝堂は、いまはふたたび使われていて、土、日曜日の夕べのミサには多数の信者が集まるという。裏にまわってみても、この三つの建物は巧みに統合されていて違和感はない。

クリャジマ河の対岸に広がる森と牧場から、ときおり肌を刺すような冷たい風が吹きぬけると、それにあおられるように無数の雀《スズメ》が聖堂の白壁を横切り、中庭の草地に降るようにおりる。東京の黒い小さなスズメを見慣れている眼には、ほかの鳥かと思うほど、大きく美しいスズメだ。

ここからゆるい坂を下りて、大きな樫の下を四、五分歩くと、十二世紀末に建ったドミトリエフスキー聖堂がある。かぶと型ドームひとつの、いわゆる四支柱円蓋式のこれも典型的な建築で、バランスのとれた構造と華麗な装飾の美しさは忘れられない。外壁にはダヴィデ王、アレクサンドロス大王にキリストと天使たちなど聖俗それぞれの人物像に、怪獣、怪鳥などの異教の象徴と、羊、鳩、葉をつけた樹木などのキリスト教の象徴がともに彫られている。木彫に

ウラジーミル　ドミトリエフスキー聖堂

壁面浮彫

壁面浮彫

従事した工人たちが、板彫りのフラットな形態をそのまま石彫に応用していて、ロシアの生活と芸術が、日本と同様に木の国のものだったことを思わせる。これはロシア各地の宗教建築のなかでもことさら端正で、華やかな聖堂だ。クリャジマ河に臨むこの丘に立って東に拡がる森をみていると、イスタンブールからの通商路に沿ったこの町ならではの東方への憧れと、ロシア正教への熱い信仰が結びついて生れたこれらの聖堂、教会が、森を拓き、河を伝って生きてきた人びとに、どれだけの夢と慰めをあたえてきたことかと思う。いま、ひときわ冷たくなった夕風のなか、河岸に乗り出すようにみえるウスペンスキー聖堂の金の十字架が、暮れなずむ夕陽をとらえ、乱雲の下できらりと光っている。

ウラジーミルから北東十キロの村、ボゴリューボヴォ（神の愛でたまう村の意）の牧場のはずれにもうひとつの優雅な教会がある。クリャジマ河とネルリ河の合流点にあるポクロフ（聖母祭）教会だ。緑、赤、青、茶、黄色とおもいおもいに塗った木造の農家が散在する低地に下り、小粒のジャガイモを野積みにした小さな駅の横から、黄葉の色が明るい大きな白樺の林を抜けると広大な牧場がひらける。遠くにほんのひとかたまりの牛と羊が淋しそうに群れている上を、白雲の流れる冷たい青空がどこまでもひろがっている。牧場を横切ってしばらく歩くと、やがて清楚な教会が大きな樫の木の下から姿を現わす。近づけば足下を減水期のネルリ河の水がわ

ボゴリューボヴォ　ポクロフ教会

ずかにさざ波を立てる対岸に、金の十字架をいただいた鉄色のドームと白壁が秋の陽光を浴びている。カメラの望遠レンズでみると、壁には琴を抱くダヴィデ王の左右を、頭に鳥を載せた獅子が守り、下には女の顔がならんで、さらに下段、生命の樹を背に負った獅子が相対している。それらを挟んで軽々と空に向う長いピラスターと優雅なアーチ、その清らかな姿は白いドレスで河岸にたたずむ王女のようだ。金の十字架のついた王冠が気高い。水辺に腰を下すと水はひときわ青く、王女を守る丘の樫《カシ》の葉もすでに黄ばんで、もう冬も近い。この丘に城を築いたアンドレイ・ボゴリュプスキー公が、その若き日一一五五年に、いまトレチャコフ美術館にある特に有名なイコン「ウラジーミルの聖母」

をキエフから秘かに持ち出し、この地にさしかかると、イコンを載せた馬車が止って、どうしても動かない。するとそこに聖母が現われた。そこでアンドレイはこの丘を「聖母の愛でたまう地」と知ったという。河に臨んだ土地の名のそんな由来をきくと、十九世紀の小説から現代のソルジェニーツィンにいたる作品を通して、ロシア人が祖国の大地と森、母なる河という言葉に、ときには感傷的なくらいの愛着を示していることを思い出す。

哀愁の古都スーズダリ

ここからスーズダリはさらに北に三十五キロ、松と樅《もみ》、白樺の森と、はるかに傾く牧場、麦畑を、道はゆるやかな上下をくりかえす。平原では左右につづく防風林の白樺の黄葉を背に、ナナカマドが赤い実をつけてどこまでも続く。丘に上れば視野のどこかに、教会があり、悠々と流れる白雲の下、大きな積みわらの散在するなかを、牛と羊の群れが草を喰《は》む有様をみていると、まるでイル・ド・フランスの晩秋をゆく思いがする。一陣の風が通ると、白樺と樅の黄葉が空に散り、煙のように野を流れてゆく。やがて赤黄に映える白樺の防風林が、流れ落ちる二本の帯になって伸びる先に、突然、いくつとも知れない金色の十字架とドームが光りはじめる。スーズダリだ。それは金の星屑になって、右へ右へとまわりながら近づいてくる。こうい

冬を待つスーズダリ

うときのロシアの秋はまるで夢かまぼろしをみているようだ。

十世紀の記録にすでに現われ、十二世紀にはスーズダリ公国の都だったこの町は、十四世紀末、公国の瓦解《がかい》とともに歴史の舞台を去った。いま人口はわずか一万二千人、それでもなお四つの修道院と三十二の教会をのこして、古いロシアの面影を色濃く伝えている。

二つの石塔を左右に立てたウラジーミル門を入るとメイン・ストリートが一本、まっすぐにつづく。それぞれリボンで髪を飾った女の子が二、三人歩いているくらいであまり人影のない通りをはずれると、いたるところに教会の塔が立ち、木造の家が散在するばかり。河で洗濯する女がいたり、荷馬車をひく農夫がいたり、ありし日の都の面影はどこへやら、教会にも孤独な廃寺の雰囲気があって、町そのものが中世の博物館といわれるのももっともだ。

市中を蛇行するカメンカ河に沿った二階建の細長いホテルに落ちつく。河の湾曲部に添うスパソ・エフィミエフスキー修道院の長大な煉瓦の壁が赤い夕陽に染まっている。壁には間をおいて八角の塔が、色あせた緑のテント型の屋根をつけて立っている。なんだか中国の西安あたりの雰囲気で、ロシアはときどき私たちを東洋にひき戻す。ホテルの右前には十七世紀の小さな教会が二つ、窓も破れ、ドームも一部骨組みがすけてみえ、廃都スーズダリの正直な顔をみせている。

クレムリンをあとまわしにして、まずこの煉瓦の壁に護られた修道院を訪ねる。十七世紀に木から煉瓦に建てかえられたこの壁の長さは一キロを超え、厚さは六―八・五メートルに及ぶ。望楼を兼ねた教会の大きなアーチを抜けて構内に入ると、司教館、巨大な鐘楼、そして緑の玉ネギ型のドーム五つを連ねた聖堂、テント型の屋根にひときわ高く十字架をかかげた教会、いまは現代の美術、民芸館になっている僧院、食堂、病院、図書館が揃っている。第二次大戦中はドイツ軍捕虜の収容所になっていて、スターリングラードの敗将パウルス元帥もここに捕われていたという。いちばん奥にある昔の精神病患者の病室がいま中世美術館になっている。写本、ミニァチュール、イコン、祈禱書の表紙、十字架や吊り香炉などの聖器具があって、この地方の美術工芸の水準の高さをぞんぶんに見せている。イコンはそのフレームも精巧をきわめ、金工の高度の技術をみせる。無数の小さな淡水真珠で聖像を囲んだものなど、修道院の裕福を誇示するものもある。各部屋を行きつ戻りつして外にでると、石尾さんが眼を輝かして、いますばらしい鐘の演奏が終ったところだといって、巨大な鐘楼を指さす。十六―七世紀の建物で、大小の釣鐘が高い所にならんでいる。さっき美術館の小さな窓からきこえていたあの鐘だったのかと思う。石尾さんは望遠レンズでみた鐘つきの身ごなしが見事だったといい、その鐘つきを連れてきてくれた。ユーリー・ユリエフと名乗るいかにも素朴な男で、冷たい風に吹かれて

スパソ・エフィミエフスキー修道院の鐘

スパソ・エフィミエフスキー修道院入口の教会

いる鼻の先が赤い。四十五歳、十一時から五時まで一時間毎に鐘をつく。しかし教会としてではなく、博物館として、自分の作曲で五分から七分の演奏だという。日ソ共同製作のフィルムに出演したことがあり、そのときクリハラ・コマキに会ったそうだ。彼の名の入った演奏プログラムにサインをしてくれた。人なつっこい男で、一生鐘をついているその手がとても大きい。

さらに道草をして、ポクロフスキー修道院による。いまその中心の聖堂は修復中だが、ここは宮廷内の暗闘の犠牲になった不運の王妃や王女を終生、幽閉したところとして、ロシア史にたびたび登場する。十六世紀のヴァシリー三世の最初の妻をはじめ、ピョートル大帝の最初の妻エヴドキヤ・ロプヒーナにいたる悲劇の女性の物語はつきない。ときに二十六歳のエヴドキヤは、もはや皇妃ではなく「キリストの花嫁」として、粗末な二頭立馬車でモスクヴァからここへ送られる。のち、この地に駐屯したグレーボフ大尉は、この悲運の前皇妃に同情し、二人は恋仲になる。エヴドキヤは大尉にしきりに恋文を送る。「わたしの魂よ、あなたが好きでよく着ていらっしゃる上着を送って下さいな……。あなたの食べかけたパンを送って……。」（工藤庸子訳）手紙はついに皇帝の調査官の手に落ち、大尉は皇帝の目前でくりかえされた拷問の果てに死に、エヴドキヤはレニングラードの北、人跡も絶えたラドガ湖畔の修道院へあらためて幽閉される。いまはその当時の修道女の宿房と同じ構造の木造の家を建て外国からの観光客に開放している。裸の材木を横に重ねた農家のような部屋で悲運の女たちを思うのも悪くないと思って、ここに泊りたいと申しこんでおいたのに、インツーリストは私たちを新しいホテルに送りこんでしまった。現地でその理由をきいたら、実はボイラーが修理中でお湯がでないという。しかし修道院の入口に荷物が集められていて、アメリカ訛りの英語が耳に入ってきた。

白と茶にぬりわけた門がまるで童話の国の城のようにみえるリスパロスリエンスキー修道院を訪ねた後、ようやくクレムリンに至り、ロジェストヴェンスキー聖堂の西門「金の門」の金工の技術をつくしたすばらしい線刻金象嵌の扉を金網越しにみたあと、いまは美術館になっている大司祭閲見室で、十七世紀のイコンや家具をみる。しかし、それよりここの入口からみたスーズダリの眺めには心を動かされた。足下に拡がる低地の草原の彼方では町が、教会の尖塔やドームがつくる夢をみるようなスカイラインを、凍るような風のなかにふるわせている。雲がしきりに流れる空からは明るい日射しが草原を移動して、わずかに羊の背を暖めている。

ヴォルガの古都にて

コストロマの市場

この季節、朝は固く冷たい青空が大きく張って風もないのに、午後は乱雲が湧き、風がおこる。出発を急ぎ、さらに北上してヴォルガ河を目ざす。ふりかえると二晩泊ったスーズダリは、クレムリンの金の十字架を朝日に光らせて私たちを見送ってくれる。今夜の泊りのヤロスラヴリまで二三〇キロ、道がだんだん悪くなる。牧場と畠がなくなり、樅《モミ》と白樺の林のなかを走る。一時間半ほどで平原のなかの町イワノボに着く。紀元前四世紀、フィン族の居住地だったと本に書いてあるので古い村を想像していたら、いまは繊維工場が集っていて、すでに一九〇五年、ストライキをやった革命の先輩みたいな町だった。大きな古い工場が乱雑に散らばって、古い木造家屋が密集した町なみが入り組む。町のなかに道標がなく、何回も方向がわからなくなる。アスファルトの広い道は穴だらけで、ときどき巨大なトラックが穴をよけながら文字通り右往左往して進んでくる。三十年ほど前、下北半島から三陸海岸に向って走ったときと、とてもよく似ている。どうやら町を抜けたら、イリューシンとツポレフの古い型の旅客機がいっぱいならんでいるだけで、人気のない草ぼうぼうの飛行場に行き当った。その横をなぞっているうちに突然、街道にでる。道は細くなり、左右は深い森、松に樫《カシ》、樅《モミ》、菩提樹《ボダイジュ》が混る典型的なロシアの森だ。路傍のナナカマドの実ばかりが赤く、車をとめて日溜りに休んでいると、暗い森の冷気がしんしんと忍びよってくる。長い間走ってようやく森を抜けると、明るい白樺林に入る。もうその半ばは落葉して、裸の枝が長い。ときどき牧場と畠が現れるようになって、途上の小さな町プリゴルスクに近づくと大地が前のめりに低くなってゆく。一面に広がる菜の花畠が近づき、壮大なカーペットを敷いたように地平線まで黄一色に染っている。その先にキラリと光る水面がみえかくれする。ヴォルガ河だ！

そこに眼をこらしているうちにまた深い森に入る。しかし、道が広くなり、ところどころにバス停があり、二、三人がそれぞれ大きな荷物をもって屋根の下のベンチに座っている。そういうときのロシア人はいつも、もう何日も前からそこに座っているようにみえる。ガラスが汚れて内部がみえないバスを追いぬく。そのとき森のなかから大きな荷物を振り分けにしてかついだ老婆が出てくると、太い杖をあげてバスを停めた。頭巾をかぶり、くろぐろと着ぶくれたその大きく逞しい姿。彼女たちは畑や町の自由市場には欠かせない登場人物で、十九世紀のロシア小説に出てくるムジィク（お百姓）という言葉がいまでもぴたりと当てはまる。そんな言葉を使ってはいけない、とイリーナにきつく叱られたけれど、こればかりは仕方がない。長い冬に耐え、地主と役人の支配に耐えて辛くも生きてきた彼ら、善良かと思えば、こすからい智慧もそなえた彼ら。その姿が人気ない森や平原の道にぽつりぽつりと現れるころ、ようやく肥沃なヴォルガ河沿岸の畑に出る。

やっと着いたコストロマは青や赤に塗った木造家屋に、低い木柵に囲まれた小さな庭がついた家がならぶ昔ながらのロシアの町だった。そのなかを抜けてまずヴォルガの河岸に下りると、広い水面の対岸に壮麗なイパチェフスキー修道院が浮び上っている。緑のテント型の屋根に尖塔のついた正門の背後から、金色の玉ネギ型のドームの塔を五つならべた三位一体聖堂が伸び上っている。ドームは菱形の平面を貼り合せて球体を作っているので、ことさら美しい反射光を放って、流れるともないヴォルガの水面に金箔の細片を散らしている。気が付くと水音もなく、風もなく、一片の雲もない青空の下で白昼夢をみる思いだった。水はいくらか茶色を帯びて、うす黒いライン河よりずっと優しい水だ。

町へ戻り、十七世紀以来の市場、いまの自由市場へゆく。細長い平家の昔からの建物があり、細かく仕切られて国営の商店になっているが、品物が少く、その多くは空家同然だ。しかし門を入るとその建物の裏が青空の自由市場だった。ここは昨日みたスーズダリの淋しい市場と

コストロマ　ヴォルガ河畔に臨むイパチェフスキー修道院

違って、白塗りの建物に囲まれた広場いっぱいに店がでていて、人びとが大勢集っている。なんだかスペインの田舎町の広場のようだ。客もほとんど農民風な、あるいは労働者風の人たちで、明るい服装の市民の姿はほとんどいない。熱いリピョーシュカ（あげパン）を食べながらひとまわりする。いきいきした表情の若者や娘たちもたくさんいて、楽しそうに歩きまわっている。パンや肉やチーズ、ラード、卵などは平家の建物のなかにあり、露店は野菜、くだものが中心、採りたてのきのこも多く、西瓜と黄色いメロンもいまが出盛りだ。こけももとそのジュースの店もある。黒いヒマワリの種のざるがいくつもあって、お客は二粒三粒つまんでは噛んで味をみている。森と畠がそっくり越してきたような風情だ。売り手の老婆のなかには垢と獣脂で汚れて、入浴の習慣がないかと思われるのもいるし、温和しい中年夫婦が不慣れな手つきで、二人でとってきたきのこを売っているのもいる。二人連れの警官が巡回してくると、二、三人の女たちが何かをしきりに訴えている。イリーナは外国人が写真をとっていると訴える人がつぎつぎ現われるけれど、警官はもうそんな者は相手にしない、ソ連は変わりました、と少し得意そうだった。しかし私たちだけで外出して店に入ると、店の売り子があわてて人を呼びにゆき、呼ばれた暗い顔の中年女が私たちを威かくし、追い出すこともしばしばで、ペレストロイカといっても、ここはやたら広い国、急に徹底するはずはない。

ヴォルガの港ヤロスラヴリの秋

コストロマからヤロスラヴリに向うと、牛や羊が道路を横切り、荷馬車がのんびり進む。それでも舗装がよくなったので快調に走り、ついにモスクヴァからヤロスラヴリに直行する街道に合流、コトロスリ河の橋にかかると対岸の丘の上に、夕陽を浴びた長大な壁をつらね、尖塔を高くたてたスパソ・プレオブラジェンスキー(救世主の変容)修道院が遠来の客を迎える風情で現われる。

ホテルについて窓をあけると眼の前にいま渡ったコトロスリ河が横たわり、すぐ左手で本流のヴォルガ河に合流している。ヴォルガはもうずいぶん上流なのにその幅は一キロ、対岸の低地が傾く日射しのなかで、もう薄ずみ色になっている。ダムのないころ、春の増水はどんなにか怖ろしいものだったろう。この町に住んでいたアレクセイ・サブラソフが描いた水びたしの春の原野の情景が思い出される。ヤロスラヴリ派のイコンの画家たちがたくさんの秀作をのこしたこと、その代表作のひとつでトレチャコフ美術館にある十二世紀の「偉大なるパナギヤ（至聖の意）の聖母」が、ここスパソ・プレオブラジェンスキー修道院からきたことで、私にはヤロスラヴリはほとんど宗教的なひびきをもつ名だった。しかし来てみると、ここはヴォルガを伝って東はカスピ海と黒海をへて中近東、西はバルト海沿岸の諸港、またはるか北海を通してイギリスとの貿易を営んできた大きな貿易都市だった。その起源は十世紀にさかのぼる。十六世紀以来、ここにはイギリスの貿易センターがあり、十七世紀にはこの町の商人たちが五十の教会を建立したという。

旧市街の中心には黄色の壁に白い石の窓枠をもったイタリア風の十八世紀のマンションがならび、美しい並木路を河岸に下りると、エカテリーナ女帝の治世に作られたヴォルガ河岸通りが市街を縁どっている。優雅な邸宅の窓をかくす菩提樹の大木の並木が続く。その黄葉が日射

ヤロスラヴリ　ヴォルガ河、スパソ・プレオブラジェンスキー修道院の鐘楼から

しのなかで赤金色に映え、歩道の黄色いベンチもさらに黄葉におおわれている。コトロスリ河との合流点には、これもイタリア風の長方形の広場があり、秋冷の色濃いバラの花壇の前で、身だしなみのよい老人や恋人たちが本を読んだり、肩を寄せ合っている。男たちは中年以上は中折帽、女たちはみんなそれぞれ優しい帽子をかぶって、まるで昔のパリみたいだ。上下する川船はライン河やセーヌ河のそれよりずっと大きく、清潔だ。港へいってみると船の設備もよく、船員たちも明るい。波止場にいる巨大なトラックの運転手たちも朗らかな笑い声をあげ、河にいるロシア人は生きかえったように見える。上流の両岸には巨大なクレーンがならんで貨物船がついていてい

る。いまここはトラックやタイヤを生産する工業都市なのだ。河を上下する遊覧船に、西ドイツからきた十五人ほどの団体客といっしょに乗ってみる。河沿いに間をおいて教会の塔が、金色の十字架を高くかざして現われる。古来、この長大な河に生涯を托した船員や旅人はその姿にどれだけ慰められたことだろうか。さらに森と野をゆく旅人を丘に立って見守ってきた塔、目指す町にやっとたどり着く旅人を暖かく迎えた塔。ソ連邦の各共和国のいたるところに立っている巨大なレーニンの銅像をつぎつぎとみていると、一種の強迫観念におそわれるが、遠望するロシア教会の塔は清らかな希望の星、革命家にしたって、銅像にされて広場に立ち、教会と張り合うのはずいぶん迷惑なことだろうと思う。

ここの旧市街の中心、ソビエト広場のまんなかはレーニン像ではなく、イリヤ・プロロク（預言者イリヤ）教会が占めている。細長く伸び上るテント型の屋根の先に緑の小さなドームをつけた双塔に守られた教会で、型どおり玉ネギ型の五つのドームに十字架が立っている。十七世紀の建立で、堂内には華麗なイコノスタシスがあり、ヤロスラヴリ派のイコンがずらりと並んでいる。菩提樹の板に精緻な浮彫りを施し、金箔をはったフレームにもひときわ美しいものが多い。そして礼拝堂から回廊にいたるまで、ヤロスラヴリとコストロマの画家たちによるフレスコ壁画で埋められ、保存状態もよい。壁画は一六八〇〜八一年に完成、キリストと十二使徒の物語につづいて、この教会が捧げられた預言者イリヤの物語が描かれている。イリヤの生涯の物語には収穫や取引きの場など、当時の農民と商人の生活のさまざまがいきいきと描かれ、風俗の記録としても興味深い。地獄に落ちたイギリスの商人三人と教会の会計係が苦しんでいる。伝えによると会計係は画家たちに約束の謝礼を半分しか払わなかったからだといわれるが、三人のイギリス商人はなにをしたのだろうか。

スパソ・プレオブラジェンスキー修道院内の教会建築とフレスコ壁画のすばらしさもさることながら、ここでロシア中世文学の最大の遺産「イーゴリ軍記」の写本が発見されたといわれれば、この町が歴史に占めていた位置の大きさもうなずける。コトロスリ河に接した低地にある洗礼者聖ヨハネ教会を、長い市街を抜けて訪ねると一部修復中だった。でもお蔭様で、玉ネギ型のドームに張る緑彩の銅板の切れはしを拾ったりして嬉しかった。煉瓦の外壁には複雑な装飾をほどこしたピラスター（片蓋柱）がずらりと並んでいる。二重の浮彫で囲まれた四角の空間には、半ば抽象化された民芸風の草花模様を現わした多彩のタイルがはめこんである。もともと森のなかに木造の建築をたててきたロシアの伝統が、形を自由に作れる煉瓦積みに生きているのだ。荒れた湿地のなか、おりからの夕陽に教会堂と鐘楼の赤い煉瓦が映えて、幻想的で不吉な雰囲気が漂う。修復中といっても職人の姿はなく、老婆が二人、まだ陽光のとどく入口に座っている。

暇をみつけては市内を歩きまわる。国営商店で働く不機嫌な女たち、自由市場の素朴で愛嬌のいいおばさんといったパターンはどこでも同じことだが、広場にはおしゃべりに熱中している派手な色彩の娘たち、すばしこく出没するヤミドル買いの少年たち、小さなオートバイをやかましく乗りまわす得意気な若者も多い。友人に囲まれ、上気した顔で花束を抱く白いドレスの花嫁の腕を大事そうにとって歩く花婿もいる。裏街に入ると質素な背広にきちんとネクタイをつけて、折カバンを下げた勤人や、小さな袋を下げた身ぎれいな奥さんが優しい身ごなしで建物の陰に吸いこまれてゆく。わずか二泊の滞在だったが、人恋しく、ホテル泊りがつまらなくなる町だった。

神に祈る人びと

鐘の町ロストフ・ベリーキー

モスクヴァに向って三〇〇キロ、「黄金の環」の真珠にたとえられる古都をさらに辿って、最後はロシア正教の大本山ザゴルスクを訪ねる。

鹿のマークのでている森、牛も羊もいない広い牧場、また、すきをつけた馬がぽつんといる乱雑な開墾地といったなかを上下する道が続く。二時間ほど走ると、はるか左手、白雲の浮ぶ青空の下に湖が現われ、近づくにつれ、その岸辺から金の十字架を連ねたドームがせり上ってくる。ネロ湖にのぞむロストフ・ベリーキーのクレムリンだ。町に入ると、うらぶれた街路が曲がりこむばかりで、いかにも人気がない。しかし、ここはすでに九世紀には歴史に登場する古都。この町はスカンジナヴィア諸国と交易し、蜂蜜と毛皮をコハクとアラビアの銀貨にかえて、キエフに劣らない繁栄を誇り、ひととき「北の都」とよばれた。十二世紀すでに多数の教会をもち、悪魔が町に近づいたとき、十字架の林に追いかえされた、といい伝えられた。旧市街を囲む土手を入り、右に金色のドームを光らせているウスペンスキー（聖母被昇天）教会をみながら進むと高い壁に囲まれたクレムリンに着く。壁の背後の望楼にバルト海沿岸でみるような旗の形をした金色の風見がつき、構内の復活教会の大きな鐘楼が威容をみせている。大小十三コの鐘の音はことさら美しく、六十キロ先まで聞こえるという。湖に舟を浮べれば、その音はどんなにか哀しげに湖面を渡ってくることだろう。正門に位置する復活教会に入り、扉に描かれた諷刺的な風俗画をみて、通路を抜けるとそこは美しい小さな中庭で、かすかな風に黄葉が飛び散っている、正面のスモレンスク聖母教会は、茶色とうすいブルーを菱形に組み合わせたファサードが美しく、このようなファンタスティックなバロック様式はロシア建築の不思議な魅力のひとつで、雪の朝にいちどみたいものといつも思う。

町を後にしながらふりかえると、クレムリンがいくつもの金のドームを光らせながら、だんだん湖に乗り出してゆくように見える。しかし教会はこんなに優美なのに、間をおいて現われる村はいかにも淋しげで、すきをかついだ農夫や道ばたで蜂蜜やジャガイモを売る農婦の服装も貧しい。約七十キロ走って、ペレスラヴリ・ザレスキーに入る。町なかの川にかかる小さな橋で車を停める。ここも十世紀に登場する小さな町、川は町の背後のプレシチェエボ湖に注ぐ。みずからオランダで造船を学んだピョートル大帝が、この湖畔に造船所をつくり、国産の船によるロシア最初の海軍を試みた。町を少し過ぎた所で、緑の丘の上にそびえるゴリキー修道院を仰ぐ。煉瓦の強大な塀の角にはかぶと型の尾根をもつ根太い塔が立ち、風見が光っている。典型的な要塞修道院だ。そのすそには木造の古い家が朽ちかけ、それでもけなげに白いレースのカーテンで窓を飾っている。ここから湖畔にでると、不機嫌な鉛色の湖面を冷たい風が渡って耳が凍える。

大本山ザゴルスク詣で

さらにザゴルスクまで六十五キロ、また深い森のなかのアップ・アンド・ダウンをくりかえす。学生時代、秩父や飛驒の森のなかを何日も歩き通したときのことを思い出す。やっと平原に出ると、午後の太陽がだいぶ低くなっている。それをみながらユーラは急ぎに急ぐ。この車、出足が鈍いが、どこにも信号というものがないから走るときは走る。連日の疲れが出たイリーナが黙りこんでいる間、私はいよいよロシア正教の大本山をみる期待でいっぱいになっていた。

ザゴルスクは革命前はセルギエフスキー・ポサード（セルギー門前町）とよばれていたが、スターリンがその権力を確立した一九三〇年、モスクヴァの党委員会書記ウラジーミル・ザゴルスキーを記念してザゴルスクと改名された。すでに一九一九年、そのザゴルスキーがアナーキストの爆弾で殺された年、政府は熱烈な崇拝の対象だった聖セルギーのミイラをあばいて修道院を反宗教博物館にしていた。しかしその同じ政府はレーニンの遺体をレーニン廟にいまなお安置し、くる日もくる日も人びとはその前に長蛇の列をつくっているのだ。

ユーラはまるでとびこむようにザゴルスクに入り、午後三時、セルギエフ大修道院の門前に車をつけた。かつてこの修道院は広大な土地と十万人以上の農奴をもって裕福な生活をした、というイリーナの説明をききながら、どっしりした門から構内に入る。均整のとれた美しい食堂の建物を左にみながらトロイッキー聖堂を訪れる。香の煙にろうそくのろうの熔けるにおいがこもった堂内には信者が群をなしている。右側に一列にならんだ女たちが重いがちょっと民謡風な旋律で詩篇を朗唱している。よくとおる澄んだ声だ。信者はむかしは老人ばかりだったが、いまは中年の人はもちろん若い人も多い。新婚のカップルも多い。正面の見事なイコノスタシスの三段目、四段目にはアンドレイ・ルブリョフのイコンもみえる。亡くなれば聖者になるはずとイリーナがいう高位の老司祭が現われると、老いも若きも競って膝まずき、あわれみを乞う痛々しい眼つきでその手の甲に唇を当てる。疲れて弱々しくみえる老司祭は不機嫌な顔で、手をあたえ、祝福をさずけ、それでも少しずつ出口の方に向ってゆく。と外に出ると、いつのまにか冷たい夕風が、もう裸になった樅《モミ》の大木の裸の枝をゆすっている。その下を二人、三人と肩をならべて神学校の学生が歩いている。その黒い修道士の服の故に、誰の身体の線もほそくみえる。卒業すれば、いま活動している一一〇〇の教会のために働くという。記録によれば、スターリンがヒットラーと独ソ不可侵条約を結んだ一九三九年には、革命前四万以上あった教会のうち、生きている教会は一〇〇しかなかったという。この神学校はたいへんな難関だそうで、神学生の息子を誇らしそうに間にはさんで歩いている両親もいる。ウスペンスキー聖堂の横に聖水の小屋があり、大勢の人びとがそれを飲んだり、水筒に詰めたりしている。三つの水筒をもっているまだ少年少女のような新婚のカップルがいた。それぞれの両親のもとに持ち帰るのだろうか。修道士に面会をもとめてイリーナに長い交渉をしてもらったが、やはり駄目だった。出発前にインツーリストを通して宗教委員会の許可を得て、また、インツーリストを通してアポイントメントをとらなければいけない、というもう何回もきかされた返事だった。広報担当の坊さんに会わせてもらってもしょうがないから、とぼやく私に、どうせ教会なんて軍隊のような所、無神論者の私には興味がないと、イリーナはもっともなことをいった。

五時の閉門とともにザゴルスクを出て、さらに七十キロ、モスクヴァを目指す。市内に入ると夕方のラッシュで東京なみの渋滞。やっと都心に入ってアメリカ大使館の前を通ると、もう薄暗い歩道に百人ほどの人びとが立ったり、うずくまったりしている。万一の亡命の機会を期待してヴィザを申請する人たちだという。あのまま徹夜するのだろうか。かつては外国大使館のあたりには近づくのも怖れた人びとなのだ。

Ⅳ　過去の影をひくまち

過去の影をひくまち、ベルリン・ライプツィヒ

ベルリン

東西ベルリンを分断していた壁に設けられたゲート、チャーリー・ポイントをはじめて通ったのは一九六五年、壁ができてから四年目だった。その後、一九七〇年代はフランクフルト・アム・マインに、一九八〇年代後半はエッセンに毎年滞在、その間、できるだけドイツ各地の美術館を訪ねる機会をつくってきたが、いつもベルリンの存在が気になっていた。というのも一九六五年のチャーリー・ポイントに終日立って、西側に戻る外国人の車を見送っていた女たち、若者たち、彼ら東側市民のうつろな目とやつれ切った表情が目に灼きついていたからだ。

しかし、こういうことを西ドイツの知合いに話してみると、彼らは意外なくらいベルリンを知らないし、まして東ドイツを訪れたものはいない。彼らにとってなかでもベルリンはほとんど抽象的なよそよそしい存在になっていた。学生にすれば、自分たちに課せられている二年の兵役がない故に、とても同じドイツとは思えない奇妙な天国だった。中年以上にすれば第二次大戦の屈折した思いに否応なく触れ、しかもそのベルリンの現実といえば、東側に向かって西側の連合国による占領の成功を誇示するためのショウウィンドウとして繁栄した特殊地帯で、戦後四十五年経っても、自国のルフトハンザ航空の乗り入れも禁じられた土地だった。去年(一九九一年)、アメリカのナショナル・キャリアーであり、世界の民間航空のエースだったパン・アメリカン航空がついに倒産、運航を停止したニュースが伝えられたが、フランクフルトからベルリンに飛ぶ唯一の足であった同社の小型機に乗りこむ、数少ないドイツ人ビジネスマンたちの、不快そうにまじろぎもしない青い目を思い出す。

家庭や職場のパーティーに招ばれたとき、ベルリンや東ドイツの近況について語るのはもっぱら私の役目になり、彼らは「ドイツ人よりはるかにドイツを旅行している」東洋の異邦人の話に、半ば困ったような表情で耳を傾けている。彼らにすれば、カントやゲーテなどドイツの古典哲学と古典文学にはじまり、すべての芸術をまきこんだロマン主義にいたる近代文化の潮流の中心であったライプツィヒ、ドレスデン、ワイマールなどが東側に属し、まして政治と文化の中心ベルリンが宙に浮いている事実はいかにも耐え難いことだった。しかしそれだけに、ベルリンは特殊な発光体として、東西両ドイツ人の胸中に密やかな光線を照射していたに違いない。壁が崩壊する二年前、東ベルリンのボーデ美術館の入口ホールに、祖国ドイツを統一した偉大なプロイセン大王フリードリヒの騎馬隊が現われた。それを得意そうに指さして、ベルリンの象徴だと胸を張ったフンボルト大学の女子学生コニーは、惨めに傷んだ住宅区域にある彼女の家に帰る途中、小さな公園で身の丈より高い大きな赤旗を手に手に持って集会を聞いている中年の男女をみて、歴史がのこした遺物だと、肩をすくめた。その翌年、西ドイツのケルンで開かれた鉄道模型大会を見にいったとき、会場中央に在りし日の大ベルリンの巨大な模型があり、東京の山手線のように市内を循環している国鉄Sバーンの軌道が再現されて、メルクリンのモデルがヘッドライトをきらめかせて走っていた。現行どおりの一編成四輛の完全復元だった。大変な人気で、東西を自由に走りぬけるその姿に、涙を浮かべる老人が多かった。ベルリンの壁はとつぜん崩壊したのではなく、その両側から浴びせられるドイツ人の憎しみの眼差しのなかですでに崩れはじめていたのだ。

ブランデンブルク門の数メートル西側に築かれていた壁もついに取り払われ、戦前、わが国でもことさら親しまれていたウンター・デン・リンデンの大通りも、まっすぐ一本になった。繁華街クアフュルステンダムに無残な姿をさらしているヴィルヘルム一世記念教会の塔にはめられて、米英連合軍による無差別爆撃で死んだ一般市民の悲劇を訴えていた金色の文字盤も外され、その前は薄汚いヒッピー風の外国人のたまり場になってしまった。Uバーン（地下鉄）のクアフュルステン街駅からナショナル・ギャラリーに向ってポツダム通りを歩くと、トルコ料理とスパゲッティ、ピザパイのわびしい店が連なって、歩道にあふれるトルコ人労働者とその家族がもつ東洋風な重苦しい雰囲気が漂うなかを、ギリシアやユーゴスラヴィアからきた無職の青年たちがけわしい目つきで歩いてゆく。ようやく敗戦の首かせを外されたベルリンは、とっくに次の難題を背負っていて、その辺りは西ドイツの大都市と変わり

ヴィルヘルム一世記念教会。英米の爆撃で死傷10万人を出したベルリンの象徴

「美術の島」をはさむシュプレー河にのぞむバロック様式の大聖堂。その対岸は春、ピンクと白のリラの香りが流れ、いまなお目にやきつく戦争の悲劇を忘れさせる

はない。

とはいっても、旧東側のフリードリヒ街駅（Sバーン）から、ペルガモン美術館などが集まったシュプレー河畔の「美術館の島」にいたれば、あたりはかつての大ベルリンの中心、ギリシア神殿風の大理石建築が戦火のあとも痛々しく純白の肌を黒ずませ、おおかたは巨大な残骸を空しくさらしている。人気のない夜、そのあたりを歩くと、中央ヨーロッパの東北に偏したこの地の河岸の軟弱な砂地に、みずからのギリシア神殿を建てたドイツ人の古典古代への熱狂が、砲火に痛んだ大理石の柱の蔭からうめき声をあげて迫ってくる。ここだけではない。全ベルリンのいたるところ米英連合空軍とソ連戦車隊による破壊のあと

はまだ生々しく、戦後半世紀経った今なお、失われたプロシア王国とドイツ帝国の栄光の日を嘆いているようにみえる。

いっぽう、ベルリンの西南部は広大な緑地帯で、大きな湖に沿う深い森のなかには野生の鹿が多く、森を抜けて牧場と農家をつなぐ道を歩いていると、とてもいまベルリンにいるとは思えない。西北部の森もそのまま昔ながらの森林地帯につながり、周辺の開発が停滞しているだけに、私たちは少年時代の東京が武蔵野の林に呑みこまれていたころを思い出す。グリューネヴァルトの森に近いグレーム美術館とベルリン自由大学を訪ねると、一帯には広い庭をもった居心地の良さそうな住宅が連なり、半日歩きまわっても飽きない見事な植物園がある。美術館で疲れた目を休ませるつもりでそこに入ると、北国の透明な日差しを浴びた花の色がひときわ美しく、記憶のなかに詰めこんだ数々の絵や彫刻の面影も薄れてしまうようだ。

想像を超えて豊かなものは森と水に恵まれた自然だけではない。東西ベルリンがひとつになった現在、それぞれがもっているいくつもの美術館を頭のなかでまとめて、時代と地域別に分類してみると、さすがにベルリンは八百年の首都の歴史をもった古都で、そこに集められた文化財は、質も高く、量も抜群で、ギリシアから現在にいたる西洋美術のことさら豊富な収集に加えて、エジプトから中近東、インド、西域、中国、日本と南太平洋にいたる諸文明と中南

旧国立絵画館

米の文明が生み出した美術にいたる。第二次大戦中の美術品のあわただしい疎開、破壊と離散という苛酷な歴史に耐えて、よくもこれだけのものが生き残ったと思い、ここは人間の執念の恐ろしささえ感じさせる美術の巨大な宝庫にほかならない。とくにダーレム美術館はヨーロッパでも指折りの大美術館で、イタリアとドイツのルネッサンス、フランドルの初期とルネッサンス、さらにオランダとフランドルの十七世紀の巨匠の作品のすばらしさはいうまでもない。民族学部門に入っているインカ、マヤ、アステカの美術に加えて、黄金伝説で有名なコロンビアの金製品など中南米の美術にしても世界有数の収集になっている。さらに戦前、日本の多くの東洋学者を養ったものに、今世紀始めのドイツとフランス探検隊によるシルクロード収集の美術がある。石窟寺院の壁画を切り取り、塑像を根こそぎ運んで、館内にそのまま石窟寺院を再現していて、私たちは戦後の貧しい大学研究室で、その図録を飽かずに見入っていたものだった。そのコピーをカバンに詰めて、いまのダーレム美術館の展示と比較すると、疎開できなかったこの部門の被害は甚大で、見事な壁画が断片になってしまったものも多い。こんなことなら現地に残しておいてほしかったと嘆くほかないが、それでも見事な穹窿壁画をもった石窟寺院が生き残っているし、幸いキジールの壁画には難を逃れたものが多く、私たちの砂漠の夢を誘う。そっくり運んで再現しているということでは、ペルガモン美術館内に再建されている小アジアの古代都市ペルガモンのゼウス祭壇とアテネ神殿の入口の門、また、同じくミレートスの市門がある。また西アジアの古代都市バビロンのイシュタル門と宮殿外壁の彩釉煉瓦の浮彫の壮大な復元も、頭上高くそそり立っている。古代西アジアからギリシア、ローマにいたる彫刻群とともにドイツ考古学界の長年にわたるフィールドワークの業績を示していて、ここにいると時の経つのを忘れる。しかし、いま戦前のカタログと対照すると、例えば「オリンピアの間」のヴィーナス像など、かねて本でみなれた美しい作品が欠落していて、その行方はなお謎に包まれている。旧西ベルリンのエジプト美術館のネフェルティティ王妃像が疎開先で米軍に保護されついに一九五六年、ベルリン市民の歓呼のなかを無事帰還した事件は有名だ。しかし、これはほんの一例で、ドイツ陸軍の手で全国の山中や塩坑に隠された美術品の発見と保護、略奪を巡って、米英軍とソ連軍当局の間に起されたスパイ小説のような駈けひきほど興味深いものもない。まだ永遠の謎になっている名品が多数あり、今年になって、今度はペレストロイカのソ連側から、ソ連軍が略奪したまま秘匿している多数の絵画に関する内部告発があったが、それを押さえたソ連政府は、逆にドイツ軍に奪い去られた美術品の返還を重ねてもとめた。戦後、つねにソ連のスパイ数十名がドイツ国内で失われた美術品の探索に当たっているといわれる有様だ。ともあれ、疎開されたり、奪われたりした美術品がベルリンに帰ってきたのは東西ベルリンが分離されたあとの一九五三年から五七年にかけてだった。ベルリンがひとつになった現在、あらためてコレクションの再統合が試みられるなかで、行方不明の美術品の問題がつぎつぎ起ると思われる。ここはこの半世紀、何かと噂さの尽きないまちだった。

明治維新以後、ベルリン留学生が日本の法制、科学と技術、芸術に果した役割は想像以上に大きいし、さらにグロピウスの建築、クレーの絵画、シェーンベルクの音楽、ブレヒトの芝居に、全盛期のベルリン映画が昭和期の近代芸術に与えた影響も大きい。医学、軍事、哲学、文学にわたる森鷗外の仕事は明治日本のドイツ文化吸収の代表例だが、ウンター・デン・リンデ

マーテルン街にのこる鷗外の旧居

ンの通りに近いマーテルン街に鷗外記念館がある。鷗外の旧居をそのまま記念館とし、フンボルト大学の日本語学科が管理している。鍵を開けてくれたハイケさんもそこの卒業、しかし話に熱が入ってくると英語になってしまう。その日本語も英語も昔風な穏やかな言葉づかいで、鷗外の寝台と小さな文机、質素な洋服ダンスと椅子の横の立ち話は楽しかった。

彼女とマリーエン・キルヘ（聖母教会）を訪ねた。篠田正浩監督で郷ひろみがドイツ語で演ずる日独合作映画「舞姫」の舞台だ。十三世紀の美しい建物だが、何回もかさ上げした道路の横に沈んでいて、反対側にあるいかにも無趣味な国営デパートを悲しげに見つめている。そこは不幸にうちひしがれたような老婆が一人、二人出入りするだけで、国営デパートに殺到し必死に日用品を買い漁るソ連の高官の奥さん

市中でもっとも古いゴシックのマリーエン教会。鷗外の「舞姫」の舞台

たちの熱気とは無縁の存在だった。

ライプツィヒ

ライプツィヒは十一世紀以来の商業都市で、その商品見本市は八百年の歴史をもっている。西ドイツにすれば切り取られた祖国の唯一の窓口で、七、八年前から見本市の期間に限ってルフトハンザ航空の乗り入れが認められたこともあって、ここはベルリンより身近な都市だった。日本の商社にとってもこの事情は同じだったが、いうまでもなくここは、戦前から大学とともに、岩波文庫が手本にしたレクラム文庫にゼーマンの原色版画集と楽譜出版のまちとして、ことさら親しまれていた。戦後になっても日本の印刷

工場でゼーマンの名はほとんど畏敬の念をこめてよばれ、ライプツィヒは職人さんの間でも有名だった。昔懐かしいライプツィヒ。メルクリンの模型のお蔭で日本にも熱烈なファンの多いドイツ国鉄全盛時代の姿をしのばせるライプツィヒ駅はフランクフルトやケルン、デュッセルドルフの鉄道ファンの憧れの的だ。そこでは、メルクリンで親しい古典的な機関車と客車がまだ働いているし、引込線には大きな動輪を赤く塗り、ヘッドライトの左右に美しい防煙板を耳飾りのようにつけた懐かしい蒸気機関車が入っている。駅前から環状道路を渡って旧市内に入ると、爆撃をまぬがれた古い建物がたくさん残っていて、古い下町の風情が漂う。足にまかせて歩きまわると古本屋が多い。ここばかりは世界共通、古い紙の匂うなかで顔色の悪い娘がタイプを打ったり、老眼鏡の主人が本に読みふけっていて、いつのまにか神田にいるような気がする。古い画集、挿絵入り詩集など、帰りのカバンの重量を考えながら見ていると、のどが乾いてしまう。

バッハがカンタータをつぎつぎと書き、指揮していた聖トマス教会もこういう市中にある。バッハの銅像の横からなかに入ると、堂内にあるバッハの墓は花に埋もれ、有名なオルガンの明るくて正確な、いかにもドイツ風な音色が清らかに流れている。ここに詣でた日、ゲヴァントハウス交響楽団の室内楽の夕べを聴きにいった。ホールは新しいさっぱりした建築だが、そ

聖トマス教会の入口。なかに入ると明るいオルガンの音が身体を包む

の音は重厚、長い間フルトヴェングラー、ワルター、コンヴィチューニ指揮のレコードで親しんだゲヴァントハウスの演奏をついに現地で聴いた感動はひとしおだった。私がここに来た理由はその近代美術館で、とくにクラナハの八点とデューラーなどのドイツ・ルネッサンス、リーバーマンやライブルのドイツ近代の絵だった。それこそゼーマンの複製でドイツのどこの家にも飾られていたといわれるベックリーンの「死の島」もある。小さいけれど充実した美術館で、その音楽と本にならぶライプツィヒの大きな遺産のひとつだ。いまは古い商業都市の面影をのこすなかに、社会主義的建設が生んだ無表情な公共建築とオフィスビルが割りこんでいるライプツィヒだが、それだけに美術館やコンサート・ホール、古本屋で出会う人情とひとときの友情にひときわ惹《ひ》かれる。静かで居心地のよい喫茶店も多い。ゲーテの『ファウスト』の一場面となって以来、古い観光名所になっているレストラン「アウ

アーバッハス・ケラー」では、ゲーテがいつも座っていたコーナーに当時の椅子をいまも大切に置いているが、観光客よりやはり地元の人の臭いが強く、料理も粗野で、レストランというよりもミュンヘンあたりのバヴァリア風、学生風の居酒屋といった風情が漂っている。いかにもここにいると、早くも十五世紀のはじめに開校した古き良きライプツィヒ大学が連想される。古くは森鷗外から先年亡くなったノーベル賞受賞の物理学者朝永振一郎先生にいたる日本の留学生もここに食事に来たに違いない。東西ドイツの統合以前、学校はカール・マルクス大学とよばれていたが、現在はもう昔にかえったのだろうか。去年の夏、東京のドイツ大使館に問い合せたが、混乱していて判らなかった。当時、アウアーバッハス・ケラーの夕食の席で、由緒ある大学だから名前を変えたのはおかしい、といったら、ベルリンから同行してくれた女子学生のゲルダとライプツィヒ美術館の若い学芸員が、声を合わせて、マルクスがドイツ人だったのが不幸中の幸い、といってテーブルを叩いた。ガンの手術で発声が不可能になった朝永先生をその病室にお見舞いしたとき、早くお元気になってドイツで静養なさるのもいいですね、と申しあげたら、ベッドの上の小さな黒板を取りあげて、チョークでLeipzigと書き、「ありがとう」と書き加えて下さった。面長の笑い顔が美しく、透きとおるような白髪がかぶさっている。そんな私の話にゲルダは涙ぐんでいたが、その翌日、私の部屋に花束とチョコレートの小箱が届いた。ホテルの支配人の名刺がついていて、「あなたのドクトル・プロフェッソールの思い出のために」とはなやかな書体で書いてあった。急いで名刺の人に電話したら、朝、ゲルダがきて朝永博士の話をしてくれた、亡くなる前に、もう一度ライプツィヒにくることができればよかったのに、といった。西洋の男ならではの甘く低い声が胸にしみた。

デルフトの黄色い小さな壁

昨年（一九八八年）の前半、エッセン大学（西ドイツ）の研究室に通った。来る日も来る日も冷たい雨が降りこめ、ここも暖冬異変だといわれたが、道が凍らないため、かえって靴が乾くときもなく、ちょうど郷里の裏日本の冬のように陰気な毎日だった。そしてやっと初夏が来たら今度は冷夏、また冷たい雨が続いて、まちにはセーター姿が目立った。エッセンは炭鉱と製鉄業の中心で、いまこそ典型的な斜陽のまちだが、製鋼と兵器産業でドイツを代表したクルップ・コンツェルンの本拠地だった。大学の研究室の窓から、大戦中、国防軍の戦車を生産していた古い工場の煉瓦の壁がみえる。しかし、現在稼動している新しい工場群も、戦後復興した新市街も広大な森林地帯に囲まれている。大学の先生たちは工場だらけの嫌なところだというけれど、一見、どこに工場があるかわからないし、そのなかのエッセン旧市街にはことさら田舎町の風情がある。研究室の窓からは七つの教会の塔の美しく細長いシルエットが、夕陽を背景に遠く近く見事な間合をとって伸び上っている。まちの中心にはゴシックの塔を頂いた司教座聖堂の聖器室があって、十世紀末の鍍金の聖母子を初め、十一世紀の十字架などが秘蔵されて、中世初期の幽遠で森厳な雰囲気を保っている。研究室へ通う朝夕、聖堂の横を通るが、そこの大きな樹木はツグミのねぐらになっていて、鳥の群れる枝をすかして、塔の金色の風見鶏が薄暗い空でひとり光を集めている。そういう毎日、ドイツ・ルネサンス美術の資料のなかにいると、いつのまにか古いドイツの暗く激しい精神世界のとりこになっていて、ものの考え方もストイックになっている。食事にしてもいかにも変化に乏しく、わずかにアスパラガスなど野菜に少し季節の楽しみがあるだけだ。せめて週末、町はずれの森のなかの湖へ散歩にいって、湖畔のレストランで魚を喰べるのが唯一の気晴らしだったが、七月のある日、海が無性にみたくなってアムステルダムの友人を訪ねた。「かつて風が私の部屋の暖炉のなかに強く吹きこんだとき、海岸に旅立ちたい気持を押えることができなかったように」ブーローニュの森へ木々をみにいった、というプルーストの忘れ難い一節を思い出していたのだった。

エッセンからアムステルダムまで列車で約三時間、海のそばまで来たのに、折角の初夏の土曜日の午後を国立美術館のオランダ絵画の部屋に入りびたり、日曜日になって、友人の車に乗せてもらって市外へ出た。濃淡の緑を織り合わせるように続く牧場に日の光が惜しみなく降りそそいで、ドイツの森から出てきた眼がまぶしい。海へゆく前に、もう十五、六年も訪ねていないデルフトによることにした。その間、デン・ハーグのマウリッツハイス美術館で折に触れみていたフェルメールの「デルフトの眺望」がふたたび現実になるようで心が弾んだ。

デルフトの新教会の高い塔のみえる所で高速道路をおりて、東門の塔と跳ね橋のある運河の岸に車を駐める。フェルメールが描いた東門の双塔と同じ屋根と尖塔をもった門の背後から、これも画中に描かれているとおりの新教会の尖塔が木立を抜いて伸び上っている。

それにしても長い間みなかったデルフトはなんという小さな、平凡な町だろう。フェルメールのデルフトはいったいどこへいってしまったのかと途惑うほかなかった。運河には白いボートが一隻停泊していて、デッキに中年の夫婦と女の子が二人日光浴をしているだけで、水辺には人影もない。初夏の日曜日のデルフトは樹木に半ばかくれて眠っていた。大きな空の下、広い水面にいくつもの塔のある建物を投影していたデルフト、さまざまの壁を重ねて眼を奥深く誘いこんでゆくデルフト、フェルメールの描いたデルフトが思い出のなかで現実のデルフトと入れ替っていたとしかいいようがなかった。デルフトはプルーストがいう「記憶のなかのオランダ絵画に似た思い出」になっていたのだった。

ことさら思い出されるのはもう十年ほども前のこと、フェルメールの「青いターバンの少女」と「デルフトの眺望」をまた見たくなって、アムステルダムからデン・ハーグまでのんびり各駅停車の列車に乗ってマウリッツハイス美術館に出掛けた。気が急くままますぐその二階にいったとき、日本人の若い画家が「デルフトの眺望」を模写していた。もう二カ月も通っているという。その横に立って、プルーストが『失われた時を求めて』のなかの人物ベルゴットの眼に映してみせた「黄色の小さな壁」は果してどの部分だろうとあらためて探した。その若い画家がプルーストを意識していたかどうか尋ねたわけではないが、彼は東門の暗褐色の壁の左右、一段奥へ下ったところで赤黄色に光っている壁を忠実にとらえていた。二カ月かかっている仕事の苦労を、率直に話してくれる若者の声に耳をかたむけながらフェルメールの画面をみていると、そのデルフトは、ほとんど水面に浮ぶひとつの生き物になって、刻々その表情を変えるのだった。途中から画家の話も半ば上の空できながら、小一時間もその絵の前に立ったり、しゃがんだりしていた。このときからフェルメールのデルフトがもうひとつの実在になって記憶に刻みつけられたに違いない。

いまデルフトに来て、なぜか裏切られたような気持ちで橋を渡り、狭い運河沿いの道を新教会に向って入ってみた。人影の絶えた河岸の石畳をゆくと、流れることのない運河の水はそれでもわずかな風に水面を乱して、ときどき浮んでいる白鳥がかえってつぶてのように静止している。運河に面した一軒の家のレースのカーテンがほんの少し開けられている。そういう窓にも胸がときめくような静寂のなかに、街角から黒い盛装の男女が五、六人歩み出た。朝のミサの帰途に違いない。話声も足音もなく、盛装の男女は歩いているというより、円盤に乗って水平に移動してゆく人形の群のようだった。一瞬、時の流れが止って、それは白昼夢の一こまだった。フェルメールはカナレットがしたようにカメラ・オブスクーラ（暗箱）を使って風景や建物を描いたという話があるが、この一瞬のデルフトは「暗箱」という秘密めいた仕掛けのなかのまちだった。そのなかを歩いていると記憶のなかの「デルフトの眺望」の「黄色い壁」が行手に現われるような気がした。

やがて道は新教会の前の広場に導かれたが、一軒のカフェの前にひとかたまりの観光客が所在なげにかたまっているだけで、まちの人の姿はここにもなかった。フェルメールが描いた乳色の空が広場に拡がって、ありきたりの器や皿をならべたてたデルフト名物の陶器店はいっそう空しかった。そんな広場を抜けて、十三世紀の古教会へゆく狭い運河に出ると、鉄の欄干の銹びついた橋をつらねた河岸の石積みも風雨に朽ちて、ひとしお廃都の面影が濃い。

デルフトをあとにしてデン・ハーグの港にゆき、埠頭にならぶ漁師のレストランで遅い昼食をとった。窓ぎわに席をとると、友人の横顔が陰影になって、彼女の髪がことさら柔かく光をふくんでいる。変わりやすいオランダの空はもう雲の流れが早く、岸壁に係留されている漁船の色とりどりの船体が刻々に表情を変えている。若き日のプルーストが、愛するオランダの風景画家アルベルト・カイプの絵をうたった散文詩にある「黄金色の湿気」が、午後の物憂い窓の外に下りていた。暗いドイツの森のレストランで凍りついていた感覚が生きかえる思いのなかで、ふとプルーストの兵営の生活を想像した。病弱なプルーストにとって、その短かった兵営の生活ほど自然に眼を開いたときはなかったに違いない。思い出のなかのオランダの風俗画の情景にあふれていた、とプルーストはその生活を思い出しているが、オルレアンの野にあって生活をともにした、農村出身の仲間の美しく敏捷な肉体と土地の風情を若いプルーストは懐しんでいる。そういうプルーストが若いときからオランダの風景画にその感受性を触発されたのは当然だったかもしれない。

同じようにひよわな兵士だったジョルジュ・スーラに、後日、新印象主義といわれる画家の眼をあたえたのも、ブレストの海辺の一水兵としての生活だった。広い空と水平線、その水平線と直角に交わる燈台の垂直線と対比、絶えず変動する空と海の色彩の諧調がスーラの視覚を養った。そういうスーラが点描を重ねて構築する画面と、プルーストがひとつひとつの言葉がもつイメージを細かく織り合わせてゆく文章とは同じ視覚を共有している。晩秋のパリでプルーストは落葉へのノスタルジーをつのらせ、ついに眠れなくなってしまう。「落葉は、とざされた私の部屋のなかで、それをみたいという私の欲望に喚起されて、一月《ひとつき》このかた、私の思索と、私が専念するどんな対象とのあいだにもちりかかり、ときどき、何をながめていても目のまえにちらちらと踊るあの黄色い斑点のように、旋回していた」という(『失われた時を求めて』井上究一郎訳)。

埠頭のレストランで思い出したプルーストの黄色い落葉の旋回が、フェルメールの「デルフトの眺望」と重なった。すると、いま後にしたばかりの眠りこけたデルフトが、フェルメールの描いた広い空から落ちる不思議な、しかしもうひとつの現実にほかならない光の下で生きかえるのだった。

『楽しみと日々』のなかの一章「画家と音楽家たちの肖像」のひとつに、アルベルト・カイプの風景画によせた前述の散文詩がある。アムステルダムの国立美術館にある「騎馬の人物のいる河の風景」がこれにあたると私は考えているが、そこでプルーストは夕空を飛ぶひとむれの鳥にかき乱される光、透明な大空に遍在している不思議な光をうたっている。プルーストはその感覚を、オランダ絵画の精妙な光との幸福な共鳴にゆだねているのだ。海辺のレストランにすわって、昨日アムステルダムでみたカイブの絵を思い出していると、同じ章にある「ショパン」の冒頭にうたわれたひとむれのチョウのイメージが鮮やかによみがえった。悲しみの海にたわむれ、波の上を渡るひとむれのチョウ、これらのチョウも黄色い羽をもっているのだろうか。このようなプルーストの視覚的な表現を考えると、さらに「海辺・夢想・時の色」の章にある「海」を思い出す。海と空の色彩のハーモニー、とくに波に落ちる太陽と夕映えの海の色の超絶的な相関関係を捉えている若い日のプルーストの視覚的な感受性ひとつを例にとっても、黙殺と嘲笑を買っただけときいた自費出版『楽しみと日々』はすでにプルーストのフェルメール再発見を予告していたといってよい。

オランダ十七世紀の絵画は、その風景画も静物画も、ともに精妙な光の芸術だった。フェルメールの「デルフトの眺望」に遍在する光は、ウィレム・カルフやファン・ベイエレンらの静物画にみる光、銀器の肌にとどまり、ガラスの器を透かし、またナイフに剝かれてそりかえるオレンジの皮にやどるつゆとなってしたたる不思議な光と共通している。この光が生みだす不条理な魅力が、画面にもうひとつの実在を生み出しているのだ。記憶のなかのデルフトもそのひとつだったのだ。このオランダ絵画と光の感覚を共有しているプルーストの文章にあらわれる海の描写や、このフェルメールの絵に関する描写から、プルーストをドビュッシーとともに印象主義者とよぶ場合がある。しかし、美術の用語を文学や音楽といったほかの領域の芸術に適用するのは危険だ。たとえばプルーストが強く共感していたといわれるドビュッシーのオペラ「ペレアスとメリザンド」の第四場で、メリザンドが井戸のなかへ落した婚約の指輪が、水のなかを舞いながら沈んでゆくとき、私たちはその視覚的な表現に、いままでのオペラにない純粋に感覚的な芸術を発見するとともに、その象徴主義的な逸楽に心を奪われているのに違いない。

プルーストの作中人物ベルゴットは、ある批評家がフェルメールの「デルフトの眺望」のなかの黄色の小さな壁が「貴重なシナの美術品のように」美しい、と書いているのに魅かれて展覧会場にゆき、その小さな壁の見事なマチエールに眼を奪われ、子供が黄色いチョウをつかまえようとするように、それをみつめながら発作に倒れる。そのフェルメールの壁を、シナの貴重な美術品のように、それ自体で完結したひとつの美の世界とみたプルーストのエキゾティシズムと象徴主義にあらためてヨーロッパ代々の文化の重層を垣間見る思いがする。中国の美術品、ことさらその磁器の精妙な肌と色彩に憧れたヨーロッパの趣味が各地に拡がっていったのも、ここのようなオランダの町からだった。当然、プルーストが生まれ育ったフランスの旧家にも、中国の美しい皿やつぼが飾られていたことだろう。そこで養われたプルーストの眼は、この黄色の小さな壁を通して遠い異国へ投げられていたに違いない。

十七世紀のオランダ風景画そのままに、港では絶えず光が変わる。ふたたび明るくなった昼さがりの空の下で、船の色の心を弾ませるような移りかわりをみていると、ドイツの巨大な森を抜ける週末の散歩、その森のなかの小さな美術館にあるゴシックの木彫の聖母子にこめられた暗い官能と、十字架のキリストの死の惨酷からようやく解き放たれる思いがした。

フィレンツェ、ウフィツィの回廊から

宮殿などを利用した古い大きな美術館で、ようやく足に疲れを覚えるころ、予期せぬ窓辺やテラスに出合う。庭園の樹木と芝生、光を散らす噴水に目を奪われるひととき。通い慣れればひと息入れるなじみの窓辺も決まってくる。現代の美術館の密閉された人工光線と空調の箱のなかではもとめられない楽しみだが、なかでもウフィツィ美術館の回廊からの眺めほど、ここにある名画にふさわしいものもない。

三階に上がり、長い回廊に入って直進すれば、突き当りがアルノ川に面した短い回廊になる。その明るい窓から外をみると、ポンテ・ヴェッキオが川の浅い流れに昔ながらの姿を映している。いかにも見慣れた名所絵はがきが突然現実のものになるという、ほとんど羞恥心をかき立てられるその一刻。ましてここは回廊に沿った展示室の連なりのなかで、ドゥッチオ、チマブー

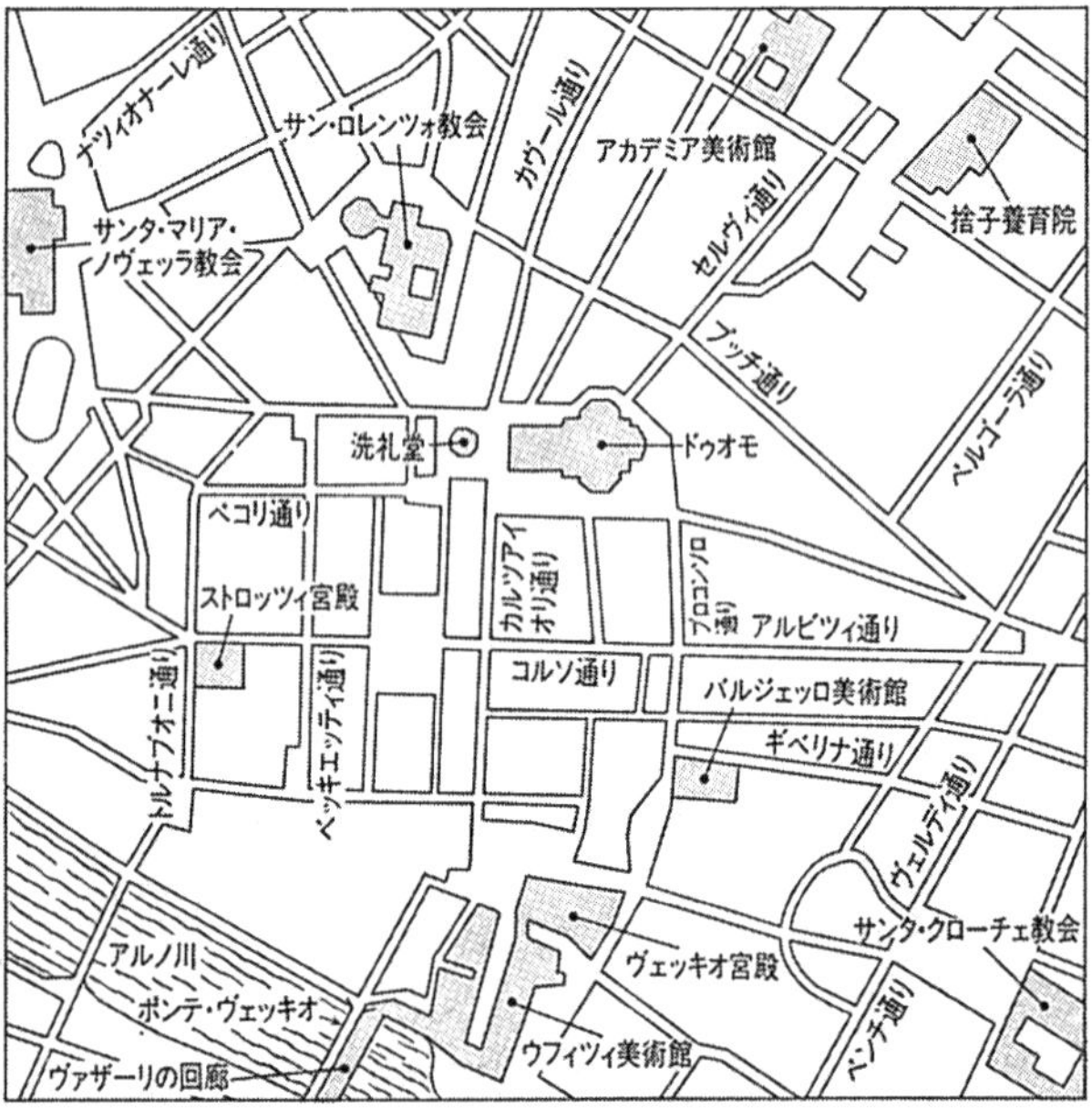

フィレンツェ市中心部

エ、ジオットからボッティチェルリなど、十四、五世紀の代表作にレオナルドからマニエリスムにいたるイタリア名画の、それこそ本や画集で長いあいだ慣れ親しんできた作品にあらためて対面するという、船酔いに似た逸楽の果てにある窓の風景なのだ。詩集を片手にもった長衣の若きダンテと、白い清楚な服に身を包み、ヴェールで顔を隠したベアトリーチェがこの橋のたもとで再会するという、イギリス、ヴィクトリア朝の石版画の感傷も、絵空事とは思われなくなる。ジョン・ラスキンとウォルター・ペーターに促されて、ここフィレンツェを訪れたイギリスの若い世代の熱狂が、まだこの窓辺に染みついているような気がする。若いころ英語の先生からペーターの『ルネサンス』をテキストとしてあたえられたが、そのリズミカルな名文をくりかえし朗読してくれた先生は、そのとき、ほとんど生徒のことを忘れていたに違いない。先生もまだ、ボッティチェルリもレオナルドも粗末な複製でしか見たことはなかった。しかし、私たちの机の上には美しい文章があり、その美しさに駆り立てられるように、ボッティチェルリの描く流浪の天使のように優しい男たちや、顔に白い光のさす聖母とその足下に散らされたひな菊が目に浮かび、レオナルドの「ラ・ジョコンダ」（モナ・リザ）に秘められているというローマの淫蕩、中世の神秘主義とボルジア家の罪業が、その微笑をいっそう不可解なものにするように思われた。いうまでもなく先生がペーターをあたえたのは、美術史の勉強のためではなく、英語の勉強のためだったが、私にすればこれが美術の本の第一歩だった。

アルノ川を見下ろすこの窓から回廊をさらに右折すると、第三の回廊が続く。そこに沿う展示室にはラファエルロ、ミケランジェロ、ティツィアーノなど十六世紀の巨匠の名作からバロックのカラヴァッジオなど、それこそイタリア名画として全ヨーロッパの王室と貴族、富豪たちの憧れの的だった絵が集められている。そこを行きつ戻りつして回廊の突き当りにある簡素なカフェテリアにいたる。そのテラスに出ると、足下にパラッツォ・ヴェッキオの前のシニョーリア広場が広がり、目を上げればサンタ・マリーア・デル・フィオーレ大聖堂のドームと鐘楼を越えて、オリーヴ畠のある丘が地平線を限っている。その丘をすそまで埋める赤い瓦の屋根の重なりを見ていると、フィレンツェの歴史はそのままメディチ家の歴史であり、それはまたルネサンスの最も華麗で残酷な歴史だったこと、そしてこの歴史のなかで、ここにある絵の多くが描かれ、収集されたことをあらためて思う。

このトスカーナの小さな自由都市が、フィオリーノ金貨で西欧の各地に金融業の網を広げ、毛織物工業で、フランドルとともに西欧の中心になった一三〇〇年ごろから、いまのフィレンツェの景観が次第にその姿を現わしてきたという。目前にあるフィレンツェ共和国の政庁舎パラッツォ・ヴェッキオが着工されたのも一二九八年だった。その半世紀後、この花の都を破局におとしいれたペストの流行、さらに一三七八年にチオンピの乱で頂点に達した少数の富裕層と多数の貧民層の対立を経て、メディチ家の専制政治にいたるフィレンツェの歴史ほど刺激に富んだものはない。いまウフィツィ美術館とよばれているこの建物は、トスカーナ大公国の大公になったメディチ家のコジモ一世が、フィレンツェ政府の司法と行政の機関をここに集中するためヴァザーリに設計を命じたものだ。その三階にメディチ家歴代の収集による美術品を収容しようとしたコジモ一世によって、ここはフィレンツェの歴史の所産を背負い、またその歴史を見下ろす展望台になった。

透明なトスカーナの空が濃いブルーに変る夕方、斜陽をわずかに引き留めている赤い屋根の重なりを見ていると、ペーターの美しい詠嘆の下から、サッケッティが書いたフィレンツェ市民の声が聞えてくる。「ボッカチオの弟子」と自称したフランコ・サッケッティは、十四世紀のフィレンツェ商人の名家に生まれ、家業に励んだあと、フィレンツェ共和国の大使や行政官の要職を歴任したが、不運の重なる晩年に三百の短篇小説を書いた。その『三百話（トレチェント・ノヴェルレ）』に登場する貴族、聖職者、詩人、商人、職人たちの粗野と狡猾、偽善と欲望、反骨的な瀆神と嘲笑に彩られた生活も、この屋根の下にくり広げられたのだった。

偉大な画家ジオットもそこに登場する。いま杉浦明平の訳（『フィレンツェの人々』日本評論社、一九四九年）を拝借すれば、あ

フィレンツェ市の紋章（メディチ家礼拝堂）

る成上がり者がジオットに楯の紋章を描いてくれと頼みにきたのに、たくさんの武器を描きこんで、紋章をこしらえ家柄をつくろうとする心の卑しさをからかったあげく、それを怒って役所に訴えた男を逆に提訴して高額の画料を請求し勝訴したという。また、ジオットが仲間とコメーロ通りで立ち話をしているとき、豚が一匹ジオットの脚のあいだに飛び込んだため、路上にひっくりかえってしまったが、豚を罵りもしないし、文句もいわないので仲間がそれをいぶかったところ、ぼくは生まれてからあいつらの毛で何千リレと金儲けをしたのに、まだスープ一杯御馳走してやったことがなかったから、といった。その後、一同そろってジオットの壁画を見物した。そこに描かれている聖母とヨセフを見ていた仲間のひとりが、ジオットに、なぜヨセフをいつもこんなに憂うつそうに描くのか、と訊くと、ジオットは、あたり前じゃないか、彼は花嫁のお腹が大きいのを見ながら、誰のせいだかわからないんだから、と答える。サッケッティの序文によれば、この三百話を書いたのは、伝染病と戦乱に苦しむ人びとの悲しみのあいだに、一抹の笑いをまぜて慰めをあたえるためだという。

　サッケッティが生きた十四世紀のイタリア美術に憧れた、ヴィクトリア朝イギリスの唯美主義を笑いとばしてしまいそうなこの短篇集を読むように奨め、杉浦明平の訳本を下さったのは林達夫氏だった。林達夫の義兄にあたる美術史家矢代幸雄が師事したバーナード・ベレンソンが、一九五二年に出版した『ルネサンスのイタリア画家』の序文に書いているが、絵を理解するうえに「読んでもいちばん役に立たないものは形而上学的な書物や精神分析的な研究である。何かの本をどうしても読みたいのなら、その絵画が描かれた時代と地方の文学や歴史を読む方がよい」（一九六一年新潮社刊の同書による）という言葉が思い出される。

ウフィッツィ美術館のテラスから望む丘は、さらに右へ、フィエゾーレとセッティニャーノの丘に連なる。若桑みどりさんは、林達夫が『精神史――一つの方法序説』（『岩波講座哲学4』）のなかで、レオナルドの「聖母子と聖アンナ」（ルーヴル美術館）のなか、聖母の足下の地上に「胎盤」が描かれているというアンドレ・シャステルの指摘に触れていることを挙げ、「まだ論議多いとはいえ、ベレンソンや矢代幸雄が描いてみせたあの美しきルネサンスのイメージを一点血に染めるかに見えるこの一切れの肉塊が、もうひとつの西欧を見透かそうとする林達夫の心を感動させた。この怪しい事実から、今までになかったルネサンスがめくれてくることが予感されたのである」と書いている（「ディテールに林達夫は棲む」『現代思想』一九八四年八月号より）。

このウフィッツィのテラスから思いを馳せるセッティニャーノの丘のふもとに、ベレンソンの邸だったヴィラ・イ・タッティがある。大きな糸杉の並木道を上ったところにある美しい十六世紀のヴィラで、矢代幸雄にとっては恩師と結ばれた思い出の地であった。私は矢代幸雄の最晩年にあたる一九六八年にここを訪れる機会を得た。たまたまトスカーナの小さな村カステリーナ・イン・キァンティに近い古城に滞在して周辺のロマネスクの教会を訪ね歩いたときだった。ぶどう畠が連なる丘の稜線はどこもジネーストラ（エニシダ）の黄色い花に染まっていた。その丘をいくつも越えてフィレンツェを目指して、たどり着いたヴィラは主のベレンソンが亡くなって十年目を迎えていた。死後ベレンソンの母校ハーヴァード大学の研究所になっていたが、すべては生前のまま保存されているという。その日私は、館内のホールや廊下のいたるところに展示されたシエナ派にはじまるイタリア各地の絵画と中国の彫刻を見せてもらい、また、ベレンソンが晩年、自分がした仕事のなかで心から満足できるものはただひとつ、この図書館だと語った、と伝えられる有名な美術図書館で半日を送り、さらに完全にファイルされているベレンソン宛ての矢代幸雄の手紙を見せてもらった。どれも美しい筆蹟だった。そのあいだ、所員の昼食のテーブルに招かれて、問われるままに矢代幸雄の近況を伝えた。ヴィラの美しい庭園を散歩していると、フィレンツェ郊外の早春の林を散歩しながら、すみれと水仙の花に目を奪われた若い日の矢代幸雄が、初期ルネサンス美術への憧憬をみずみずしいトスカーナの春に託した気持ちが思い出された。その年、帰国してさっそく大磯に矢代邸を見舞ったが、先生はベレンソンの形見として贈られた唐の鍍金の小さな獅子の像を私の手にのせた。ベレンソンが文鎮として愛用していたものだという。先生がベレンソンに出した手紙がきちんと整理されていることを伝えると、先生は嬉しそうだったが、何もあそこで他人の手紙など見なくても、ほかにいくらも見る本があったろうに、と叱られた。

ベレンソンが残した多数の著書のうちで、中心となるのはいうまでもなく、ルネサンスのヴェネツィア派、フィレンツェ派、中部イタリア派と北部イタリア派の画家の四部作だが、邦訳では、フィレンツェ派、中部イタリア派がそれぞれ一九四二年と四三年に出版された。さらに一九五二年に、ベレンソンの新しい序文とともに以上の四部作をまとめて出版された『ルネサンスのイタリア画家』の邦訳が、一九六一年に出た。長いあいだにわたって改訂が重ねられた最新版だった。戦争中に出された二冊にはそれぞれ主要画家の作品目録がついていて、学生時代、父の書棚から持ち出して以後、戦後も長くそれを頼りにしていたことを思い出す。この四部作はもっとも権威ある古典的な研究書として「聖書のように」尊重されてきたが、その理由は、矢代幸雄が邦訳の『ルネサンスのイタリア画家』に監修者の言葉として書いているように、美術史研究に実物に即した真偽の鑑定法を組織し、それに基礎をおいた様式批判《シュティル・クリティーク》を確立したことにある。「とくにイタリア文芸復興期の研究が、まだまだラスキンやウォルター・ペーターの時代、すなわちロマンティックの時代をあまり離れず、すなわち、文学的感激を以て詩のような美文《ベル・レトル》を綴ることが主な仕事と考えられ」、作品の真偽や作家の伝記の調査をあまり考えなかった美術史を、近代的な学問に育てたことがベレンソンの最大の功績だった。しかし、その綿密な調査に基づく研究と作品リストに最大の敬意を払う研究者だけでなく、その著書の読者にはルネサンス絵画を愛し、またそれを近代的な美術批評の目で見ようとする広範な愛好家が多数ふくまれていることも事実だ。林達夫もそのひとりであった。

矢代幸雄の仕事のひとつに、ベレンソンの指導とその図書館のお陰で生まれたと矢代自身がいつも語っていた『ボッティチェルリ』がある。三十歳代前半の労作であった。その第一版が一九二五年にロンドンで刊行されてから三年目に出た第二版の序文で、ふたたびフィレンツェを訪れたことを書き、

ボッティチェルリへの敬慕の念がいやましにつのり、私は戻ってきた。人生においては旧き愛慕に立ち返るのは危険である。幻滅が若き日の熱狂のあとを襲う。……私はふたたびフィレンツェに近づいてゆくことに一種の恐怖を覚えていた

といって、さらに、いまになってみればボッティチェルリの性格の感傷的な面を強調しすぎ

たように思われるが、それは意図してやったことだ、と続けている。この序文は、第一版が出た翌年、『バーリントン・マガジン』に掲載されたロジャー・フライの長文の書評にたいする反論にその多くが割かれていて、ボッティチェルリの感傷的な面を意図して強調した、といっているのもそのためだ。しかしフライが、矢代幸雄の特質が絵画の造形に反応する自分自身の感覚から画家の精神を汲みとることにある、としていることを考えると、そのボッティチェルリ研究がベレンソンの研究方法に学んだ作品の実証的研究に徹しながらも、ボッティチェルリの作品にほとんど東洋的な神秘的な詩を見出しているあたりで、矢代幸雄もまたペーターの伝統に立ち、また師ベレンソンの近代的な批評と感受性を受けついでいると思われる。

この浩瀚な研究書から一部だけ取り上げるのは申しわけないが、その第二部「感覚的ボッティチェルリ」の章で、ボッティチェルリの花の「魔術的な美しさ」に触れ、さらに歌麿の花と比較して、ともに「〈装飾的〉に脚色された〈感覚的〉な花」であるといい、これを「センシティーヴ・フラワー（有心花）」とよんでいる。そして、一四〇〇年代のイタリア美術がペルシアのミニアチュールと密接な関係をもっていたことから、ボッティチェルリがオリエントの織物の影響を受けたことはほとんど疑いない、という。ペーターがレオナルドの「ラ・ジョコンダ」を讃え、彼女が「東洋の商人と珍奇な織物を秘かに取引きした」と書いた有名な文章を思い出す。

いずれも現代の美術史研究とは相容れない詩的な発想といわれるかもしれないが、何かと東洋との関係がささやかれるフィレンツェの歴史がいわせることでもあろう。フィレンツェの商人は毛織物の染料をもとめ、フィオリーノ金貨をたずさえて、遠くエジプト、中近東、インドに旅立った。矢代幸雄がボッティチェルリの「春」の女神たちの髪を飾り、その足下に散らばる花の部分の写真を示したとき、周囲のイタリア人はそれをボッティチェルリと気付かず、日本の絵画の部分図だと思った、という話はよく知られている。先生は私にもこの話をして、日本人が西洋美術を研究する以上、意識して東西美術の十字路に立っていなければいけない、と教えて下さった。

ウフィツィ美術館にあるボッティチェルリの「春」と「ヴィーナスの誕生」は、それぞれ一九八三年と八七年に修復をおえた。矢代幸雄が賛嘆した花は、風に乗り、草地に散らばって、いま画面にいっそういきいきしたリズムをあたえている。

あとがきに代えて

私は一九二五（大正十四）年に生れた。

昭和という時代をはじめから生き、小学校のときに二・二六事件、中学校で日中戦争、高等学校で太平洋戦争が始った。こうして書くのも気がひけるくらい日本帝国崩壊期の落とし子といえる。高校在学三年生のとき陸軍に召集され、その一年後に終戦、米軍が進駐する直前に千葉県の兵舎から郷里の金沢へ帰ることになった。しかし、この終戦の四カ月前、父は戦病死していて、それを知らせる母の電報が七月にやっと着いた。三月十日の大空襲によって十万人の死者を出した東京の焼けあとをくぐりぬけてきた電報だったが、硫黄島の日本軍が全滅したあとの部隊は外出も禁止になっていて、休暇はとれなかった。

その三月十日の夜、低地にあった兵舎の上を爆撃を終えて海に向うB29の白い下腹が燃えさかる東京の炎に赤く染っている。血を吸った白い巨大なシラミが黒い空を埋めてゆく。米軍の上陸にそなえて砲と弾薬を地下壕のなかに入れ、完全に灯火管制をしている部隊では、すぐ近くにいる高射砲連隊でさえ頭上のB29にいっさい発砲しなかった。

九月に入ってにわかに解散した部隊は、江戸川を渡って東京下町の焼けあとを上野駅に向った。駅の構内はどこへいっても、まっ黒に汚れた子供を連れ、飢えやつれた母親が壁によりかかっていて、目をあげる者もいない。その上野の谷中で育った私は一発の砲弾もうたずに母がいる郷里の実家に帰ることに、うしろめたい気持を抑えることができなかったが、二十歳の私にはすでに第二の人生が押しかぶさっていた。

それはいかにもあわただしく、いつも何かにおわれる毎日であり、とくに戦後の十年はいまでも思い出したくない。仕事はすでに始っていた。先日、日本の首相は資源のない日本だが、実は大きな資源がある、それは女性であると声をはりあげていた。しかし私たちは学生時代いつも人的資源、いま流行の言葉でいえば即戦力の資源といわれていた。こればかりは戦争中も戦後もいまも変らない。この鈍感で野蛮な言葉は忘れたころに平気で姿を現わす。

長い戦争がやっと終って焼けあとに辛くも開店した本屋の貧しい本棚に輸入の美術書

が少しずつ姿を現わした。その画集の紙と印刷の美しさに目をうばわれ、戦争中に蓄積された美術史と美術批評の成果に心をうばわれた。とくに中世美術の再評価とその文化を生み出した中世社会の風俗、生活誌の研究に明日の指針をみる思いがした。子供のころから周囲の大人が話す西洋、ことさら皆の思い出のパリをみたいという思いは戦争を終ったいま、もはや耐え難いあせりのようなものになっていた。

一九六五年、戦争が終って二十年、私がちょうど四十歳のとき、はじめて日本人の海外渡航が自由化され、わずか五〇〇ドルだったが外貨の購入も許可された。兵隊になって海外に駈り出される以外に国境を越えることが出来なかった身には鳥肌が立つほどの嬉《ニュース》しさだった。早速その年の九月、初めての海外旅行の機会を得た。私にすれば西洋といえばパリの他は頭の中になかったが、この年、パリと東京を結んでいたパン・アメリカンの世界一周便は南まわりで四十時間の旅だった。父の時代、横浜とマルセーユは最短で四十日間のコースだった。しかし飛行機の運賃は当時高価で、安くて早いのは横浜からソ連の客船でナホトカに出て、あとはハバロフスクからアエロ・フロートの国内線でモスクヴァに至り、そこでついにパリ行の寝台列車に乗る、というのが便利だった。私はこの方法を選んだ。モスクヴァの大美術館群と、ついでにレニングラード（セント・

ペテルスブルク）のエルミタージュ美術館をみておきたかったのだが、実はロシアには少年時代からの思い入れがあった。

私は明治・大正時代の文学青年であった父の書庫にあったトルストイとドストエフスキーを少しずつ読んでいた。また父は私を連れて散歩に出ると、よく国木田独歩の『武蔵野』の得意なところを朗唱し、またそこに引用されている二葉亭四迷訳の『あひびき』を語って、みたことのないロシアの森の美しさとツルゲーネフに憧れていた。

私の西洋の旅はこうして始ったが、本と複製と周囲の話でつみ上げた美術と文学に突然、熱い血が流れた。また、いくつもの国境を越えることによって政治と戦争の波に耐え、生きぬいてきた人びとの心、ことさら反逆と孤独の心にふれた。

そして実はこのことは、始めから軍靴の足音がきこえる昭和期を生きた周囲の学者と芸術家たちの場合も同じであった。

人は誰でも永遠に忘れ得ない人間の顔の思い出があるに違いない。私はとくに一九六五年にはじめて入ったベルリンの東西に人をわかった壁に立つ人々が忘れられない。その壁を通るためのゲート、チャーリー・ポイントの東側に立って西側をみつめる人びとの悲しみにやつれて、目もうつろになった顔と顔。政治の冷酷さ、国境というものの怖しさを知ったその日から私の旅はそういうなかを生きてきた人の心の傷にふれ、踏みしだかれた誇りを知り、政治の体制に対する痛烈な皮肉をきいた。レニングラードで「宗教と反宗教の博物館」という教会をからかい嘲笑するための博物館まで道案内してくれたゆきずりの二人の学生が学校風の正確な英語で、そういう博物館をつくるソ連の共産党の文化政策をこき下して、こんな下らないものをみるなと忠告してくれたとき、ソ連邦のロシア人に対して恐れと反感をもっている日本と西ヨーロッパ諸国はどこか間違っているのではないか、とさえ思った。

またソ連邦に組み入れられている様々の民族、西はバルト三国にはじまる民族それぞれを代表する各国の政府の公式ガイドのモスクヴァに対する皮肉をきいているだけでも面白い。人はいくら抑圧されても死なないと思った。

この文集の最後に「ウフィッィの回廊から」を選んだが、文中の矢代幸雄は父の盟友。矢代は太平洋戦争開戦のときの詔勅を、上野の美術研究所の所長として読んだとき、途中二行を飛ばしてしまったことを事務方から内部告発され、その職を追われた。私の父は同じ日、石川県立工業学校長として同じ詔勅を読んだが、その夜、私を書斎によんで学校で読まされた詔勅が祝詞のようで意味がわかりにくい。意味がわかり憎いものを神の言葉として戦争を告知するのはおかしい、と文句をいった。フランスびいきでドイツ嫌いの父は、この二年後、戦時下の学校運営の方針で県庁の学務課と衝突、もう三年間も働いたので、といって辞表を提出した。

いかにも不毛の時代だったが、「ウフィッツィの回廊から」はそういう日本の地下にのこった幸福な仕事のひとつに違いない。

いわゆる教養書は売れないといわれているときに、本書を世に出してくださった藤原良雄社長と刈屋琢さんのご好意に心から感謝を申しあげます。

田辺　徹

初出一覧

＊収録にあたりタイトルを変更したものがある

Ⅰ　岡鹿之助の絵と音楽

岡鹿之助　その絵と音楽　『みすず』一九八一年七月号（二五二号）、みすず書房

岡さんとラプラード　『岡鹿之助文集』解説、美術出版社、一九八二年

音楽と思い出のアトリエ　『クロッシング』一九九〇年春号、日本交通公社

Ⅱ　瀧口修造の詩画集

アーニー・パイルから『ミロの星とともに』まで　『みすず』一九七九年九―一〇号（二二三号）

Ⅲ　ロシア人のロシア

モスクヴァがそこにあるから　『みすず』一九八八年一月号（三二四号）

いま読むジッド『ソヴェト旅行記』　『ちくま』一九九〇年四月号（二二九号）、筑摩書房

若きガイドたち　『みすず』一九九〇年一月号（三四六号）

ヴォルガのまちとコーカサスのまち　『みすず』一九九〇年二月号（三四七号）

ロシア人のロシア　『クロッシング』一九九〇年春号

Ⅳ　過去の影をひくまち

過去の影をひくまち、ベルリン・ライプツィヒ　『クロッシング』一九九二年春号

デルフトの黄色い小さな壁　『ちくま』一九八九年九月号（二二二号）

フィレンツェ、ウフィツィの回廊から　『スカラ／みすず美術館シリーズ9　ウフィツィ美術館』付録、一九九四年、みすず書房

本文写真提供　石尾博一

著者紹介

田辺 徹（たなべ・とおる）

1925年石川県生まれ。27年父・田辺孝次、フランス留学より帰国、東京市へ移る。49年京都大学文学部哲学科美学美術史専攻卒。49-85年平凡社第一編集部長、『太陽』編集長、等を歴任。54-85年財団法人朝倉彫塑館評議員、監事。90-91年ドイツ国立エッセン大学造形芸術学部特別研究員。93年成安造形大学教授。1996-2000年同大学学長を経て、現在同大学名誉教授。

〔主な著書〕

『ヨーロッパの美術館』（美術出版社、1985・新版1991）
『スカラ・美術館シリーズ』計8巻（翻訳と解説）（みすず書房、1988-92）
『回想の室生犀星　文学の背景』（博文館新社、2000）
『国際文化関係論』（建帛社、2002）
『美術批評の先駆者、岩村透——ラスキンからモリスまで』（藤原書店、2008）

戦争《せんそう》と政治《せいじ》の時代《じだい》を耐《た》えた人《ひと》びと
——美術《びじゅつ》と音楽《おんがく》の戦後断想《せんごだんそう》——

2016年9月10日　初版第1刷発行©

著　者　田　辺　　徹
発行者　藤　原　良　雄
発行所　株式会社　藤　原　書　店

〒162-0041　東京都新宿区早稲田鶴巻町523
電　話　03（5272）0301
FAX　03（5272）0450
振　替　00160 - 4 - 17013
info@fujiwara-shoten.co.jp

印刷・製本　中央精版印刷

落丁本・乱丁本はお取替えいたします
定価はカバーに表示してあります

Printed in Japan
ISBN978-4-86578-084-0

"メディア・ミックスの巨人"としての実像に迫る！

映画人・菊池寛

志村三代子

一九二〇年代から四八年の死に至るまで、文学作品の単なる映画化ではなく映画を軸に新聞・出版・広告を巻き込んだメディア・ミックスを仕掛け、文壇人のみならず「映画人」としてメディアに君臨した菊池寛とは何者だったのか。「映画」を通して、時代と最も鋭敏に切り結んだ菊池寛の実像を初めて描く。

第7回「河上肇賞」本賞受賞

四六上製　三八四頁　**二八〇〇円**

（二〇一三年八月刊）

◇978-4-89434-932-2

"越境する演劇人"の全貌

佐野碩——人と仕事 1905-1966

菅孝行編

「メキシコ演劇の父」と称される"越境する演劇人"、佐野碩。日本／ソ連・ロシア／ドイツ／メキシコ、および演劇／映画／社会運動など、国境・専門領域を超えた執筆陣による学際的論集と、佐野が各国で残した論考を初集成した、貴重な"佐野碩著作選"の二部構成。

口絵八頁

A5上製　八〇〇頁　**九五〇〇円**

（二〇一五年一二月刊）

◇978-4-86578-055-0

大空への欲望——その光と闇

飛行の夢 1783-1945

〔熱気球から原爆投下まで〕

和田博文

気球、飛行船から飛行機へ、技術進化は距離と時間を縮め、空間認識を変容させた。飛行への人々の熱狂、芸術の革新、空からの世界分割、原爆投下、そして現在。モダニズムが追い求めた夢の軌跡を、貴重な図版を駆使して描く決定版。

写真・図版三二〇点　カラー口絵四頁

A5上製　四〇八頁　**四二〇〇円**

（二〇〇五年五月刊）

◇978-4-89434-453-2

従来のパリ・イメージを一新

パリ・日本人の心象地図

〔1867–1945〕

和田博文・真銅正宏・竹松良明・宮内淳子・和田桂子

明治、大正、昭和前期にパリに生きた多種多様な日本人六十余人の住所と、約百の重要なスポットを手がかりにして、「花の都」「芸術の都」といった従来のパリ・イメージを覆し、都市の裏面に迫る全く新しい試み。

写真・図版二〇〇点余／地図一〇枚

A5上製　三八四頁　**四二〇〇円**

（二〇〇四年二月刊）

◇978-4-89434-374-0

西欧での日本研究の実態に迫る！

国境を越えた日本美術史

（ジャポニスムからジャポノロジーへの交流誌1880–1920）

南明日香

書簡や資料写真などの一次資料から、百余年前の西欧でトレッサン、ミュンスターベルクら在野の研究家が、欧米と日本で情報を交換し、互いの知識を深め合いつつ日本美術作品の背景や精神性までをも追求しようとした軌跡を明らかにする初の試み。**カラー口絵一六頁**

第36回ジャポニスム学会賞

A5上製　四〇〇頁　**五五〇〇円**
（二〇一五年一月刊）◇978-4-86578-012-3

近代日本「西洋美術」界の理論的支柱

美術批評の先駆者、岩村透

（ラスキンからモリスまで）

田辺　徹

東京美術学校（現・東京芸大）教授として、初めて西洋美術史を体系的に導入、さらに私費で『美術週報』誌を創刊して美術ジャーナリズムを育成。黒田清輝、久米桂一郎ら実作者と二人三脚で近代日本に〈美術〉を根付かせた岩村透の初の本格評伝。**口絵四頁**

四六上製　四一六頁　**四六〇〇円**
（二〇〇八年一一月刊）◇978-4-89434-666-6

「素顔」幻想をぶっ飛ばせ！

岡本太郎の仮面

貝瀬千里

当初は「顔」をほとんど描かなかった岡本太郎が、晩年の作品の実に八割以上で「顔／仮面」と直接関連するものを描いたのはなぜか。巨人・岡本太郎に斬新な光を当て、「仮面」を通してその思想の核心に迫る、気鋭による野心作。**口絵八頁**

第5回「河上肇賞」奨励賞

四六上製　三三六頁　**三六〇〇円**
（二〇一三年一月刊）◇978-4-89434-903-2

変容する美術市場を徹底分析

国際日本美術市場総観

（バブルからデフレへ1990–2009）

瀬木慎一

バブル期の狂乱の「美術ブーム」とは、一体何だったのか!? バブル後から現在までの美術市場を徹底分析。美術との関わりから、個人／国家／企業と文化のあるべき姿を模索。美術商、オークション会社、美術館など美術関連施設、百貨店など美術関連企業、美術教育者、美術作家……必読の書！**口絵四頁**

A5上製　六二四頁　**九五〇〇円**
（二〇一〇年六月刊）◇978-4-89434-710-6